基于复杂客户网络的
SOC芯片产业化模式研究

李东军　李　想　李宇萌/著

科学出版社
北京

内 容 简 介

本书将复杂网络理论与产业化理论相结合，为实现智能移动存储控制 SOC 芯片的产业化推广，提出基于复杂客户网络的 SOC 芯片产业化模式，主要探讨复杂网络理论和 SOC 芯片产业化的理论和方法，SOC 芯片产业化客户的复杂网络的建模方法和特征识别，SOC 芯片产业化客户的复杂网络口碑扩散机制，对智能移动存储 SOC 芯片的产业化环境进行正确的分析和识别，SOC 芯片的产业化三动模式，以及 SOC 芯片的产业化实施策略等问题。对 IT 技术深度产业化进行深度探索，具有很强的实际意义和应用价值。

本书适用于专门从事网络信息产业、智能移动存储设备产业化问题等方面研究的读者，也适用于具备一定复杂网络理论与产业化理论知识基础的普通读者。

图书在版编目（CIP）数据

基于复杂客户网络的 SOC 芯片产业化模式研究 / 李东军，李想，李宇萌著 . —北京：科学出版社，2015

ISBN 978-7-03-046424-8

Ⅰ. 基… Ⅱ. ①李… ②李… ③李… Ⅲ. ①集成电路—芯片—产业化—研究 Ⅳ. ①F407.63

中国版本图书馆 CIP 数据核字（2015）第 276992 号

责任编辑：徐　倩 / 责任校对：薛　静
责任印制：霍　兵 / 封面设计：黄华斌

科学出版社 出版
北京东黄城根北街 16 号
邮政编码：100717
http://www.sciencep.com

中国科学院印刷厂 印刷
科学出版社发行　各地新华书店经销

*

2016 年 1 月第 一 版　开本：720×1000　1/16
2016 年 1 月第一次印刷　印张：9 3/4
字数：195 000

定价：52.00 元
（如有印装质量问题，我社负责调换）

前　言

核心电子器件、高端芯片及基础软件产品因其对信息产业的基础性作用和信息产业可持续发展的战略意义，被确定为国家重大科技专项。北大方正集团领衔的智能移动存储控制系统级芯片（system on chip，SOC）芯片项目是该科技专项的重要研究方向。SOC 芯片项目的成功既依赖于研发生产的芯片产品质量，也依赖于芯片产品产业化能否充分实现。

国家有关部委曾做过抽样调查，选择了 100 项获得过重大奖励的信息技术（information technology，IT）成果进行调查，调查结果显示，这些科研成果的商品化率为 10％左右，产业化率为 5％左右。低的产业化率，限制了我国的 IT 产业充分表现出高附加值、高效益的特点，使 IT 技术产业目前还处于产品发展层次，远未达到产业化发展的高度。与发达国家"以产业化为基础"的发展势头相比较，我国的 IT 技术产业在经济规模上远远落后于发达国家，这也直接地影响到我国企业的技术开发再投入能力，最终影响到产业发展的整体速度和水平。

IT 技术产业化本质上是一个管理问题，说到底是模式的问题。作者主要是以北大方正集团负责的"智能移动存储控制 SOC 芯片"这一项目为出发点，基于市场牵引的视角，以复杂客户网络为基础，对这一 IT 技术产品产业化模式进行研究和设计，最终确定适合产品产业化推广的具体措施。

复杂客户网络是一个新的研究视角，如今复杂网络研究早已成为当今各个学科领域科学家们所探讨的热点问题。复杂网络涉及的领域十分广泛，不仅包含物理学、生物学等，在经济学、医学、计算机科学、IT 等方面也都有所应用，而且其自身的结构复杂性、时空复杂性和动力学行为特性也为其广泛的应用奠定了基础。

企业对客户的管理是一项复杂的系统工程，可以把客户群体看做一种复杂网络，客户网络对企业的发展是至关重要的。客户网络作为一个特殊的网络，它与复杂网络的基本特征基本吻合：如果用网络节点数代表客户，那么可以有成百上千个，甚至会更多，因此统计特性成为大规模的网络行为的性质。衡量的主要指标有度分布、集聚系数（clustering coefficient）、平均路径长度（average path length，APL），而伴随着进一步深入研究，可以发现客户网络还具有网络弹性、介数、度和集聚系数之间的相关性等一些其他重要统计性质。将复杂网络运用到企业对客户的管理中，有助于企业更合理地经营与客户的关系。

作者综合使用多种理论方法，主要有产业结构理论、技术创新理论、国家创新理论、复杂网络理论、战略管理理论等。通过对智能移动存储控制芯片产业化过程中的存在障碍、竞争对手、创新机制、口碑扩散机制的分析，建立合理的产业化发展模式。本书的逻辑关系如图 1 所示。

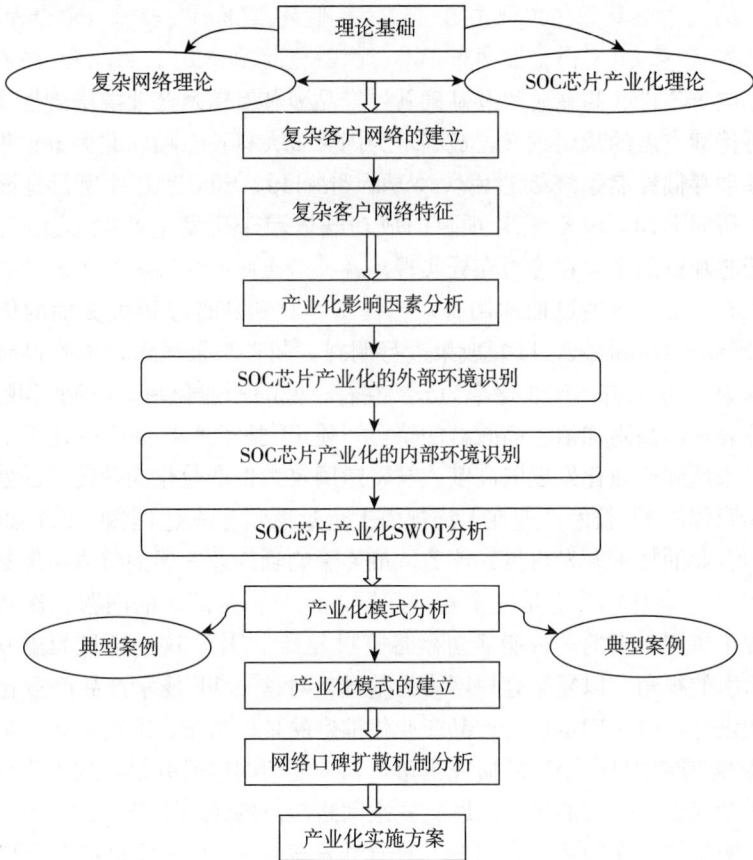

图 1　本书的逻辑关系

目　录

第 1 章

复杂客户网络与 SOC 芯片产业化

SOC 芯片产业化的实施与 SOC 芯片产品的客户关系密切，产业化的最终目的就是使产品得到大规模的使用，这是离不开客户的。因此通过对复杂客户网络与 SOC 芯片产业化关系的研究能够为 SOC 芯片产业化模式的形成提供有力依据。

■1.1 复杂客户网络理论的提出

1.1.1 复杂客户网络的相关理论

1. 复杂网络的定义

复杂网络模型是指具有大量的节点数、复杂的拓扑结构，并包括了节点处的动力行为的一种大规模网络模型。复杂网络的理论主要包括复杂网络的静态统计性质，并根据统计特征来对网络进行分类。这是为了更好地研究不同网络的性质。这些静态统计量包括网络的集聚系数、平均路径长度及网络的度分布（degree distribution）。静态统计性质是指给定一个网络的微观的统计分布情况或者宏观的统计平均值。根据这些特征又可以把复杂网络进行分类。按照静态统计量可以把复杂网络划分为规则网络（regular networks）、随机网络（random graphs）、小世界网络（small-world networks）和无标度网络（scale-free networks）等不同的网络模型。还可以按照网络研究对象等不同，将现实的网络划分为生物网络、技术网络、社会网络和经济网络等。

2. 复杂网络的拓扑结构

复杂网络理论有三个基本的测度，即平均路径长度、集聚系数和度分布。

网络中连接任意两个节点的最短路径上的边数就是指两个节点 i 和 j 之间的距离 d_{ij}。网络中任意两个节点之间的距离的最大值称为网络的直径(diameter),记为 D,即

$$D = \max_{i,j} d_{ij}$$

网络的平均路径长度 L 定义为任意两个节点之间的距离的平均值,即

$$L = \frac{1}{\frac{1}{2} N(N+1)} \sum_{i \geqslant j} d_{ij}$$

其中,N 为网络节点数。网络的平均路径长度也称为网络的特征路径长度(characteristic path length)。

在你的朋友关系网络中,你的两个朋友很可能他们彼此也是朋友,这种属性就是网络的集聚特性。假设网络中的一个节点 i 有 $n_{(i)}$ 条边,将它和其他节点相连,这 $n_{(i)}$ 个节点称为节点 i 的邻居。显然,在这 $n_{(i)}$ 个节点之间最多可能有 $n_{(i)}(n_{(i)}-1)/2$ 条边。这 $n_{(i)}$ 个节点之间实际存在的边数和总的可能的边数之比就定义为节点 i 的集聚系数 C_i,即

$$C_i = 2E_i / [n_{(i)}(n_{(i)}-1)]$$

从几何特点角度,上式的等价定义为

$$C_i = \frac{\text{与节点 } i \text{ 相连的三角形的数量}}{\text{与节点 } i \text{ 相连的三元组的数量}}$$

其中,与节点 i 相连的三元组是指包括节点 i 的三个节点,并且至少存在从节点 i 到其他两个节点的两条边。

整个网络的集聚系数 C 就是所有节点 i 的集聚系数 C_i 的平均值。很明显,$0 \leqslant C \leqslant 1$。$C=0$,当且仅当所有的节点均为孤立节点,即没有任何连接边;$C=1$,当且仅当网络是全耦合的,即网络中任意两个节点都直接相连。对于一个含有 N 个节点的完全随机的网络,当 N 很大时,$C = O(N^{-1})$。而许多大规模的实际网络都具有明显的聚集效应,它们的集聚系数尽管远小于 1 但却比 $O(N^{-1})$ 要大得多。但是事实上,在很多类型的网络中,你的朋友的朋友同时也是你的朋友的概率,会随着网络规模的增加而趋向于某个非零常数,即当 $N \to \infty$ 时,$C = O(1)$。这意味着这些实际的复杂网络并不是完全随机的,而是在某种程度上具有类似于社会关系网络中"物以类聚,人以群分"的特性。

度(degree)是单独节点的属性中简单而又重要的概念。节点 i 的度 k_i 定义为与该节点连接的其他节点的数目。有向网络中一个节点的度分为出度(out-degree)和入度(in-degree)。节点的出度是指从该节点指向其他节点的边的数目,节点的入度是指从其他节点指向该节点的边的数目。直观上看,一个节点的度越大就意味着这个节点在某种意义上越"重要"。网络中所有节点 i 的度 k_i 的平均

值成为网络的(节点)平均度,记为$<k>$。网络中节点的度的分布情况可用分布函数 $P(k)$ 来描述。$P(k)$ 表示的是一个随机选定的节点的度恰好为 k 的概率。

近几年的大量研究表明,许多实际网络的度分布明显不同于 Poisson 分布。特别地,许多网络的度分布可以用幂律形式来更好地进行描述。幂律分布曲线比 Poisson 指数分布曲线下降要缓慢得多。

幂律分布也称为无标度(scale-free)分布,具有幂律度分布的网络也称为无标度网络,这是由于幂律分布函数具有如下无标度性质。

幂律分布函数的无标度性质:考虑一个概率分布函数 $f(x)$,如果对任意给定常数 a,存在常数 b 使函数 $f(x)$ 满足如下"无标度条件",即 $f(ax)=bf(x)$。如果 $f(1)f'(1)\neq0$,那么 $f(x)=f(1)x^{-r}$,$r=-f(1)/f'(1)$,即幂律分布函数是唯一满足"无标度条件"的概率分布函数。

在一个度分布为具有适当幂指数的幂律形式的大规模无标度网络中,绝大部分的节点的度相对很低,但存在少量的度相对很高的节点。因此,这类网络也称为非均匀网络(inhomogeneous network),而那些度相对很高的节点称为网络的"集线器"(hub)。另外一种表示度数据的方法是绘制累积度分布函数(cumulative degree distribution function),即 $P_k = \sum_{k'=k}^{\infty} P(k')$,它表示的是度不小于 k 的节点的概率分布[1]。

1.1.2　复杂客户网络的内涵与特征

1. 复杂客户网络的内涵

客户网络是指企业为了更好地对自己的客户进行管理而根据不同客户的特点建立起的网络系统。从广义的层次来看,一个企业营销活动的功能是将买家和卖家聚集在一起,并由此产生客户。得到客户是企业经营成功的基础,而保留住这些客户则更为重要,成功的企业希望同客户建立长期的关系。尤其是在金融危机影响下的今天,企业的生存与发展越来越难,为了提高企业的市场竞争力,扩大企业的客户数量、维持企业与客户良好的关系、发现潜在客户和客户的潜在能力。企业不仅要从自身管理的角度来看待客户关系,还应该从另一个角度去管理和完善企业自己的客户。

企业应该建立好自己的客户网络,通过对客户关系的管理,将客户的各个信息整合,提高企业与客户之间的关系;建立好自己的客户网络,通过对网络的管理,抓住能为企业带来更多利润的大客户,借助大客户对其他客户的影响,进一步带动其他客户对企业所提供的产品的进一步认识。这样,就使客户能大量购买企业产品或服务,客户的忠诚度得到大幅度提高。所以,对一个企业来说,建立和维护好自己的客户网络十分重要。

复杂客户网络实质上就是复杂网络理论在企业客户管理上的一种应用。企业对客户的管理是一项复杂的系统工程。把客户群体看做一种复杂网络，其中每一个独立的客户或者客户集群可以作为网络中的节点，而客户与客户或者客户群之间的联系就相当于节点之间的连接线。这样一个完整的客户群就构成了复杂客户网络。

2. 复杂客户网络的特征

由于复杂客户网络实质上就是复杂网络理论在企业客户管理上的应用，复杂客户网络也就一定拥有复杂网络的相应特征，除此以外，复杂客户网络也应该拥有一些自身的特点。

首先，复杂客户网络中的客户应该具有大量性，并且客户之间存在着各种联系，复杂客户网络也存在着复杂网络所拥有的拓扑结构，如平均路径长度、集聚系数和度分布等统计性特征。

其次，复杂客户网络是一种动态的复杂网络，也就是说其中的客户始终存在着变化。变化就是指客户的新增或者减少，而这种动态的变化就是复杂客户网络不断发展的重要动力。

最后，复杂客户网络中的节点是客户，而客户的行动具有不固定性与意识性共存的特点，客户自身的行动也会对其相邻或者与之联系的潜在客户产生影响。同样，不同客户对产品的评价不同，而这些评价也会对与之联系的人产生一定的影响，会对产品的销售起到促进或抵触作用。

客户网络的节点之间的连接能够为企业产品销路提供帮助，复杂客户网络市场规模庞大并且不断运动，向周围扩张，这也能为企业更好地发展潜在用户、挖掘市场潜力，为形成产业化提供有力的支持。

1.2　SOC 芯片产业化

1.2.1　IT 技术产业化相关理论

1. IT 技术及其特点和发展趋势

IT 就是指进行管理和处理信息所采用的各种技术。其主要应用领域是在计算机科学和通信技术上，通过 IT 来设计、开发、安装和实施各种信息系统及相应的应用软件。因此，IT 也称为"信息通信技术"（information and communications technology，ICT)或"现代信息技术"。

IT 具体则包括计算机技术、控制技术、通信技术、缩微技术、传感技术等。其相应的支柱技术就现代计算机技术和通信技术，其主要功能就是延长或扩展人的信息。

IT 就其本身而言，拥有四个主要的特点，即新、快、高、密。

作为近二三十年以来逐步发展起来的 IT，"新"是它的主要特点之一。IT 的兴起推动了一个新的企业群——信息产业。一般的技术创新，就是在原有技术基础上加以改进、创新，而 IT 创新则是建立在现代科学技术的最新成就和多学科交叉的基础上，主要来源于大规模科学研究和重大发明创造的创新。例如，半导体、卫星通信、微电子、激光、光材料纤维、计算机等都体现了 IT 的高度创新性。

IT 的"快"是指其发展速度快、成果转化周期短，主要表现在知识更新快、产品更新快、设备更新快，主要体现在 IT 的高度超前性和高度加速更新性上。IT 不仅是最活跃的生产力要素，而且具有高度超前性，能够在人们认识充分的时候，即已开始研究开发，并应用于先进的生产设备和试制品中。因此，它在许多技术领域具有龙头地位和先导作用。近年来，世界各国都非常重视 IT 的发展，使 IT 的发展速度大大加快。各国都在采取措施，加大投入，并且注意将新的 IT 成果向现实生产力转化，从而使 IT 从原理探索到最后形成产品的周期不断缩短。

IT 的"高"主要是指其投入高、效益高、竞争高、风险高、势能高。作为知识、人才、资金密集的新兴技术群体，同一般传统技术相比，无论是从研究开发，还是成果产业化等方面，IT 的资金投入、人力物力投入、资源投入等都是高出很多的。而 IT 的应用可以大幅度地增强产品的功能，显著地提高劳动生产率、资源利用率和工作效率，从而取得巨大的经济效益。20 世纪 60 年代以来，IT 竞争已远远超出了企业与企业间商业竞争的范畴，而成为国与国之间政治、经济、军事竞争的"制高点"。IT 的竞争，实质上就是一场关于人才、资金、管理和市场的全面较量。一般地说，任何一项技术及其产业的开发，都有一定的风险性，但 IT 产业的开发及其相关技术的运用具有的风险性更高。这是因为 IT 的研究开发不仅需要耗用大量的人力、物力、财力和时间，而且 IT 处于当代科学技术的前沿，具有明显的超前特点。从技术原理的探索、构思到技术开发的组织实施，都会因技术不成熟而有很多不确定性。此外，IT 的研究开发是和市场紧密联系在一起的。抓住市场需求的有利时机、在激烈的市场竞争中生产产销对路的产品具有挑战性，也体现了 IT 的风险特点。

"密"则是指 IT 的知识密集、技术密集、信息密集程度高。IT 的开发利用不仅仅涉及单一的计算机领域，而是由现代科学技术发展的相互渗透和综合，以一个完整的集合体形式集体前进，这样也大大加强了 IT 的知识密集、技术密集和信息密集的程度[2]。

作为一个渗透力强、应用广泛、发展迅速的新兴技术，IT 从某一个角度来说也许才刚刚起步。如今 IT 的发展在其相关的各个领域均得到大规模的利用：集成电路设计自动化、加工微细化和产品的低功耗化；软件的开放性，软件构件的可组合性，异构数据库的互联互访；计算机更高的运算速度、更强大的处理功能和更大的存储容量；通信的更高的传输速率和更大的带宽；音响更加逼真，图像更加清晰；集成电路技术、软件技术、计算机技术、通信技术、广播电视技术等多专业技术彼此联系、相互结合、互为支撑的趋势日渐明显；集成电路、整机、系统之间的界限日渐模糊；电信网、电视网、计算机网的信息化功能趋于统一；等等。综上所述，IT 的发展将呈现如下趋势：数字化、网络化、综合化、智能化、多媒体化、集体化和并行化。

2. IT 技术产业化的产业特征

IT 技术产业包含三个层次的内容，即 IT 技术的研究开发、IT 技术产业化和 IT 技术的全面应用。因此，IT 技术产业与传统产业相比具有以下几方面的明显特点。

(1)巨额的资金投入性。IT 技术产业的研究开发费用明显高于其他产业，在 IT 技术研发、产品生产、市场推广及设备投资等许多方面都需要投入大量的资金，生产规模化之后还须投入更多资金。

(2)重要的人才资源性。IT 技术产业拥有社会上最重要的人才资源，这些高科技人才提高了知识和科学技术的研究能力，是 IT 技术产业形成和发展的基础。

(3)投资的高风险性。由于 IT 技术产品具有较高的技术附加值，如果产业化成功，一定会带来丰厚的利润。但如果失败了，损失也是非常巨大的，而且 IT 技术产品具有很强的时效性、生命周期短，加上 IT 技术产业的各种资源流动性大，人员、资本、信息转移速度快，不能预见其成效。

(4)较高的产品附加值性。IT 技术产业涉及新材料、新技术、新工艺等领域，由于消耗较少的原材料和高效的节能效果将会带来巨大的经济效益和社会效益，其综合效益的回报率要远远高于其他传统产业。

(5)积极的推动带动性。IT 技术产业化能够促进 IT 技术渗透到传统经济领域，积极带动传统产业技术的进步、模式的优化和结构的升级，从而推动全社会的经济发展；IT 技术产业化是以无形的、边际收益递增的人力资本代替有形的、边际收益递减的物质资源，实现了生产上的节能减排，减少了环境污染，促进经济社会的可持续发展[3]。

IT 技术作为一种高新技术，其产业化的进程对社会发展具有重大的意义。

首先，IT 技术产业化是科技和经济结合的重要纽带，是把人才和科技成果转换为发展成就的重要环节；其次，IT 技术的产业化关系到我国的产业结构调整和升级能否顺利进行，是经济社会持续发展的强有力的支撑；最后，IT 技术产业化的成果可以充分惠及广大人民群众，提高人民群众的生活水平，为社会和谐发展提供坚实的保障。

3. IT 技术产业化与商品化的关系

IT 技术的商品化是指 IT 技术成果形成商品后，就应该具备市场交换的特征。这种把 IT 技术产品作为可以交换的劳动产品的转化过程称为 IT 技术的商品化。用来交换的 IT 技术产品就称之为 IT 技术商品。

IT 技术商品化和产业化是有紧密联系的，二者相互影响、相互促进。IT 技术商品化是按照商品经济的发展规律，形成的一种促进 IT 技术开发研究和成果转化的机制，是产业化的基础和前提条件；而产业化是在商品化的基础上才能得以实现的，是扩大产品的生产规模、开拓市场、建立营销模式、增加客户资源的重要环节。IT 技术只有在商品化后才能实现产业化，才能形成强有力的社会生产力，实现期望的经济效益和社会效益[4]。

1.2.2　SOC 芯片技术的产业化

1. SOC 芯片产业化定义

"产业化"这个词语源自"产业"的概念，即要知道什么是"产业化"，就必须先理解什么是"产业"。"产业"是指国民经济的各种生产部门，有时也专指工业。随着第三产业的兴起和"三次产业"的划分，"产业"也就相应地泛指各种制造以及提供物质产品、服务劳动、流通手段等的企业和相关的组织。"产业"这个词本身是介于微观经济的细胞与宏观经济的单位之间的一个"集合概念"。"产业"可以代表具有某种同一属性的企业或组织的集合，同时"产业"又可以表示国民经济以某一标准划分的部分的总和。而"化"则表示大体相同，其主要意思就是指规模要得到社会的普遍承认，其相应的通行法则要在整个社会范围内达到通变。因此最终的"产业化"，就是指具有某一共同属性的企业或组织集合达到了社会普遍承认的规模，通过量的集合达到质的激变，并最终成为国民经济中以某一标准划分的重要组成部分[5]。

SOC 芯片产业化就是指 SOC 芯片技术由研发开始，以市场为导向，以效益为中心，对 SOC 芯片产品进行专业化生产、一体化经营、社会化服务和企业化管理，形成相关产业集群，并将相应产品进行大规模生产和销售的过程。

2. SOC 芯片产品的主要特征

（1）产品体积很小，容量很大。随着移动存储市场的发展，产品的发展趋势也向着体积更小、容量更大的方向发展，而 SOC 芯片产品就具有这一特征，随着相关技术水平的提高，产品将会实现便携功能，并实现高容量，以满足客户对更大存储空间的需要。

（2）产品数据存储速度更快。通过权威的测试，产品的传输曲线更加稳定，呈直线走势。相关技术可以减少处理器的占用并提高工作效率，同时有效减少电源和信号的影响，实现传输速率的极限水平，使数据传输更加稳定、安全、高速。

（3）产品的安全性能更高。这个特征是产品的核心功能，数据的保密性和稳定性也是产品的卖点。目前市场上的新产品也向着硬件加密的方向发展，如亿捷 E906 芯片的加密技术、联想 F117 指纹加密算法等带安全加密产品成为用户安全存储设备的首选。这些产品的特点如下：即使存有重要信息的存储设备丢失，产品中的数据仍处于保密状态，用户不用担心重要信息被窃取。

（4）整合多种技术和功能手段。可以集合多种实用性技术和功能手段，满足人们日常生活和娱乐的需要，如可以播放高清电影的多媒体功能、可以在线看新闻和天气等。

（5）具有时尚靓丽的外观。通过设计小巧的外观和形态以及不同的图案与色彩，选用不同的材料和装饰等，使产品的外观满足不同类型客户的需要。使产品在具有高技术含量的相关功能的同时，内外兼修，为客户带来科技时尚的使用感受。

（6）具有牢固的机械结构。产品要尽量减少焊接、组装和量产等人为过程，以减少出错率和返修率，提高产品的抗震性能。产品只有具备了牢固的机械结构，才能增加产品的使用寿命，提升产品的可靠性。

（7）产品的其他特征。例如，产品价格比较适中，但是不会很低。

3. SOC 芯片产业化过程

SOC 芯片属于高新技术产品，其产业化过程符合一般高新技术产品的产业化发展过程。高新技术产业化过程是高新技术基础上的新兴产业化过程，主要通过高新技术的研发、推广、使用等形成企业集团和企业群，是一个动态的过程。这个过程的起点是高新技术成果，终点是市场和客户，一般经过以下四个阶段。

（1）高新技术产品的发明和研制，这一过程要求以相关技术为基础，得出产品设计思想，并从产品技术成果开始到能够生产小批量的相关产品。这一阶段主要通过产品设计、生产技术、工艺材料等方面，实现产品的开发和测试，使产品从技术原理走入实际应用。

（2）高新技术产品的开发与推广，要把相关高新技术和设计思想转化为产品，并投入市场和客户试销售。这个阶段一般要完成产品生产的准备工作，如生产工艺、设备检测能力的测试和开发,建立改造产品生产线等。

（3）高新技术产品的规模生产,实现高新技术成果的推广和转让,使更多的企业参与到这一技术成果中来,逐渐形成高新技术产业。这个阶段要开发设备、工艺和能力以适应规模生产的需要,形成规模生产能力,将高新技术成果进行推广和扩散,实现产业集群。

（4）市场和客户开发阶段,通过确定客户种类、潜在客户等建立客户网络,开发产品市场。这一阶段包括预测市场需求,建立销售网络、信息服务网络、售后服务网络等,并通过广告宣传、运输和包装手段等进行产品推广,可以使产品得到规模经济效益[6]。具体的高新技术产业化过程图如图1.1所示。

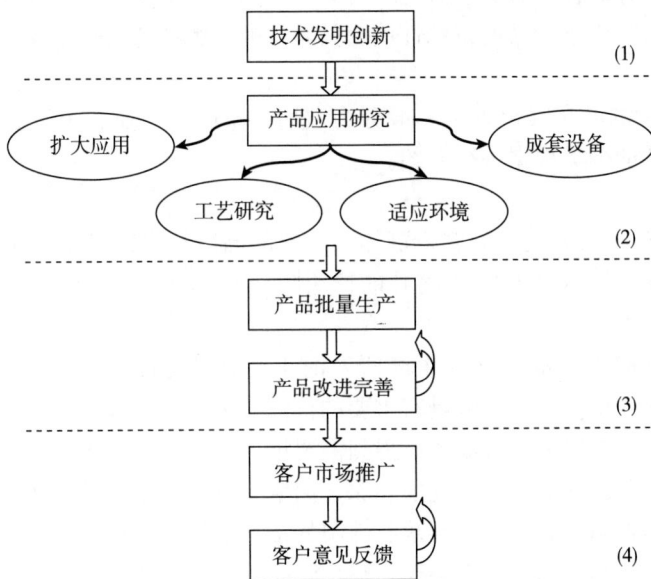

图1.1　高新技术产业化过程图

高新技术产业化成功与否与许多因素相关,如企业自身的研发能力、后期技术支持、高新技术产品技术含量、资金需求、风险大小、市场规模及市场潜力等。在我国,高新技术产业化历来都是以政府为主导的产业化模式,由政府投资大量人力物力,然而这样的产业化模式往往不能得到很好的市场回报。因为这样的产业化结果往往不能与市场、客户接轨,大规模生产的结果是产品堆积,无法销售。因此,在SOC芯片产业化过程中,应该以市场终端为目标,充分了解市场、客户的需求,这样才能提高市场占有率,真正实现产品的产业化。

■ 1.3 基于复杂客户网络的 SOC 芯片的产业化

1.3.1 SOC 芯片客户构成及复杂性

1. 客户分类及其特征分析

智能移动存储控制 SOC 芯片作为高新技术产品包括一般高新技术产品的客户种类，同时，由于产品的特殊性质，其客户的分类和特征也不同于一般的高新技术产品。

SOC 芯片的潜在客户种类一般分为政府、军队、企业和个人。下面分别对四种客户群体的分类根据进行介绍。

1）政府

政府是 SOC 芯片的核心客户群体。一般的高新技术产品不一定具备这样的一类客户群体，但是由于 SOC 芯片的特殊性，所以 SOC 芯片对政府机构有着很大的吸引力。

首先，SOC 芯片的设计和生产研发的出发点是提高存储设备的安全性能。而政府机构的数据和信息一般具有重要的价值和影响力，这些信息一旦被窃取就会造成难以挽回的损失，所以政府强烈需要提高信息的安全能力。

其次，随着国际信息化程度的加深，网络战争和信息战争的开展必然会对国家和政府造成影响。为了不妨碍政府部门的正常工作，防止网络信息战争对我国重要信息的破坏和影响，有必要提高整个政府的信息安全性能。

最后，政府机构对信息存储容量的要求很高，SOC 芯片这一产品可以满足其对容量的要求。政府机构的信息种类和数量都很庞大，而这就要求存储产品具有很大的容量，智能移动存储控制产品在保证安全性的同时，也会满足客户对大容量存储设备的要求。

2）军队

军队是 SOC 芯片的重要客户群体。一般高新技术产品也不都具有这个客户群体，但是对高、精、尖产品（如军事设备、国防实施等高新技术相关产品）来说，军队又是主要的客户群。

首先，军队是国家国防能力和科技水平的代表，需要安全稳定的信息保存环境。由于 SOC 芯片产品的高安全和稳定性，可以更好地为国防和科技信息的存储服务。

其次，各个国家之间正在进行着信息战争和网络战争，军队作为保障国防信息安全的重要阵地，需要一个安全的信息存放空间。SOC 芯片产品特征是只有使用者本人能够对信息进行使用和处理，而这一安全性可以防止重要的国防信息被外界窃取使用。

最后，军队对信息存储容量的要求很高，需要一个具有大容量的存储设备来容纳重要信息。SOC 芯片产品可以满足其对容量的需要。

3）企业

企业是 SOC 芯片的最大客户群。企业用户是一般高新技术产品的主要客户群。企业具有数量多、种类多、信息量大的特点，而目前许多企业也越来越重视信息的安全性，因此，企业是 SOC 芯片需求数量最大的客户群体。

首先，企业的性质不同对信息安全的要求也不同，对信息安全要求高的单位可能会考虑购买这种产品。信息要求较高的单位包括科研机构、高新技术企业、高等院校等，将会是 SOC 芯片的主要客户。

其次，随着企业之间竞争的加剧，会促使企业越来越重视信息和资料的安全性。现在已经进入信息时代，及时有效的信息和技术已经成为企业的生命。企业越来越重视对企业创新信息、技术信息和人才信息等重要信息的积累和保存。所以将会有越来越多的企业需要高安全性的智能存储产品。

4）个人

个人是 SOC 芯片的潜在客户群。个人用户是一般高新技术产品的主要客户群。但是由于 SOC 芯片产品的特殊性，在其产业化开始阶段，个人用户不是主要的客户。但是随着产业化程度的加深，未来个人用户可能成为其最主要的客户群。

首先，个人用户一般数据和信息存储量较少，可以就这一领域继续深入产品的范围拓展。在确定好品牌的认知度和影响力之后，可以开发适合个人用户的产品，继续拓宽产品的客户范围。

其次，目前某些对信息安全有特定要求的客户，可以选择使用这种产品，但是这些客户还只是个人客户中很少的一部分。虽然人数很少，但是这些客户具有很强的社会影响力。

最后，可以通过产品的进一步开发来逐渐降低成本，从而降低产品费用，使更多的个人用户使用该产品。通过产品的产业化和技术的创新，普通的个人用户也能消费这种安全性能高的产品，并提高对这种产品的认知度和忠诚度，真正实现产品被大众所接受和使用。

客户作为市场的重要组成部分，也是高新技术产业化的重要拉动力量，因此对 SOC 芯片客户的分析为其产业化铺平了道路。

2. 客户自身复杂性分析

对于不同的客户群来说，其客户自身的复杂性特征是不同的。

杂网络的定义"复杂网络模型是具有大量的节点数、复杂的拓扑结构,并包括了节点处的动力行为的一种大规模网络模型"完全符合,因此用复杂网络的方法对其进行研究,将不同的客户群看做复杂网络的节点,客户群或者客户之间的联系则看做节点的连线,这样就可以建立起 SOC 芯片客户的复杂网络模型,并进行分析。

通过上文的叙述可以发现,SOC 芯片产业化是建立在客户基础上的产业化,是与客户密不可分的,而 SOC 芯片的客户群自身可以形成一个客户网络,这个客户网络完全符合复杂网络的特征,更适合运用复杂网络的方法进行研究,因此复杂客户网络正是 SOC 芯片产业化的重要基础。

同时,SOC 芯片产业化的过程也是对其自身复杂客户网络扩大的推动过程,由于 SOC 芯片产业化形成,潜在客户不断被开发,其产品客户群体不断扩大,也就是这个动态的客户网络在不断扩张,不断增加新的节点,以及节点之间新的联系,从而为 SOC 芯片带来更多的客户。

1.3.3 SOC 芯片产业化的逻辑框架

首先,通过复杂网络原理建立 SOC 芯片产业化客户的复杂网络模型,并通过对其拓扑性质进行分析,即分析其点度分布、平均路径分布、点强度分布、介数分布、集聚系数、度相关性、度和集聚系数之间的相关性等,找出 SOC 芯片产业化的相关因素。

其次,对 SOC 芯片产业化的影响因素进行分析。这里通过对 IT 技术产业化现状的研究,并且分析、识别基于复杂客户网络的 SOC 芯片产业化的外部环境、内部环境,最终得到了 SOC 芯片产业化影响因素的态势分析法(strengths weaknesses opportunities threats,SWOT)结论。

再次,基于 SOC 芯片复杂客户网络的产业化模式的建立,列举出国内外主要产业化模式,并通过案例进行评价。结合 SOC 芯片内外部环境分别找出决定 SOC 芯片产业化模式的影响因素。通过运用 IT 技术相关理论和 KIEA 方法,对 SOC 芯片产业化影响因素进行分析,并分析 SOC 芯片客户群之间的关系,规划出适合 SOC 芯片产业化的"三动模式"。

最后,运用口碑效应模型,通过对 SOC 芯片复杂客户网络下口碑扩散仿真分析,来分析 SOC 芯片复杂客户网络扩散机制。通过企业自动、客户拉动、政府推动三方面阐述 SOC 芯片复杂客户网络创新的产业化模式的实施方法,完成本书。

研究的理论和关系框架图如图 1.2 所示。

SOC芯片产业化客户复杂网络模型：通过对其拓扑性质等方面的研究来最终找出SOC芯片产业化的相关因素	复杂客户网络
复杂客户网络特征：通过复杂网络模型进行分析	复杂客户网络
产业化的环境识别：通过识别基于复杂客户网络的SOC芯片产业化内外部环境得出SWOT结论	产业化环境
产业化模式建立：运用KIEA方法分析并最终规划出产业化"三动模式"	产业化模式
口碑扩散机制和SOC芯片产业化：SOC芯片产业化的实施方案	产业化实施

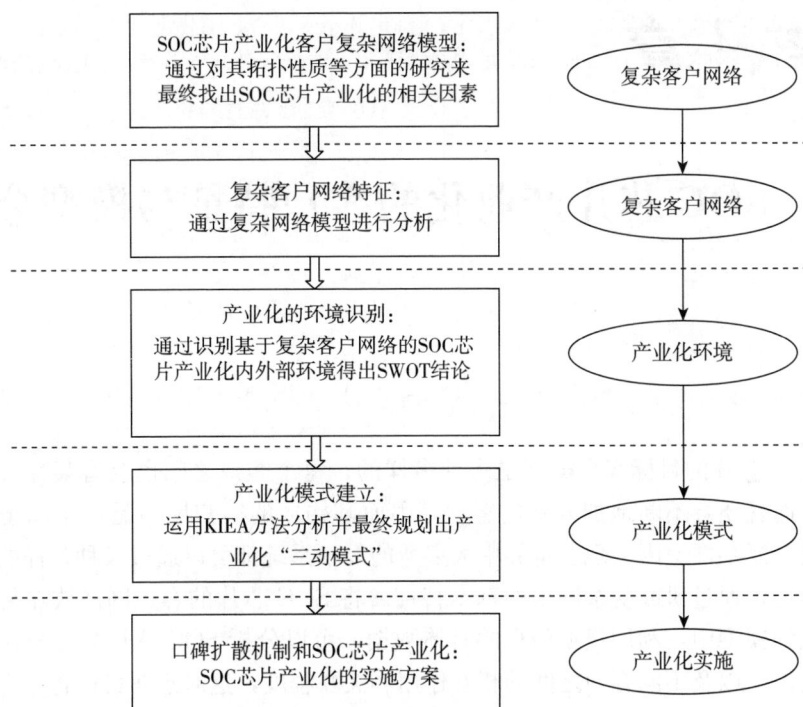

图 1.2　研究的理论和关系框架图

第 2 章

SOC芯片产业化的客户特征与模型分析

SOC芯片的目标客户类型是多种多样的，每个客户之间也会有某种程度的联系，而且还会不断地加入新的客户，因而其构成的客户网络是一个动态的网络，具有复杂性。因为现实世界中大多数的复杂系统都可以通过各种各样的网络加以描述，通过研究复杂网络的基本特性，将SOC芯片的客户网络放在复杂网络系统的模型中，利用模型仿真的具体数据，可以分析SOC芯片的客户在网络中的地位，以及不同客户之间的相互作用和关联程度，这对于在目标客户中发现和保护关键客户具有重要的意义。

■2.1　SOC芯片客户复杂网络特征

2.1.1　存在网络异质性

网络异质性(heterogeneity)是指结点的度分布是不均匀的，即仅有少数结点的度很大，而大多数结点的度都很小。经研究表明，大量真实的异质性网络都服从幂律分布 $P(k) \propto k^{-r}$，如互联网、食物链网络、电子邮件网络等，其中，r 表示度指数，r 越大，网络的异质性越强。

由度的含义可知，度值大的节点代表企业的大客户。也就是说在SOC芯片的所有客户群体中，大客户所占的比例很小，中小客户所占的比例很大。然而，这些大客户却是企业利润的重要来源，它们在企业的销售市场中扮演着非常重要的角色，同时对其他中小客户选择购买该企业产品的行为产生很重要的影响，这符合20/80的黄金法则。因此，企业在进行客户关系管理中，要重点关注这20％的大客户，及时了解他们的需求信息，并根据他们的要求进行产品等方面的改进，使他们在企业的客户网络中处于长期稳定的地位。

2.1.2　网络传输效率高

网络的平均路径长度是所有节点对之间距离的平均值，这里节点对的距离是指从一个节点要经历的边的最小数目。平均路径长度描述了网络中节点间的分离程度，即网络有多小。从复杂网络的研究中可以发现，大多数大规模真实网络具有"小世界效应"，其平均路径长度比想象中要小得多。

在复杂客户网络中，当仅有少数几个客户购买该产品时，其对产品的评价可以迅速地扩散到整个客户网络中，使产品的信息被大多数客户所熟知，从而影响其他客户购买该产品的决策。在 SOC 产品进行市场推广时，企业恰恰可以利用这一点，从几个大客户入手，迅速提高产品在整个市场的知名度，形成规模庞大的"广告效应"。与此同时，通过较高的网络传输效率，企业可以及时了解产品的反馈信息，并对相关的营销策略和产品功能做出相应的调整，这就大大缩短了SOC 产品的产业化周期。

2.1.3　度分布的一致性

度值越大的节点强度越大，这表明购买企业产品数量和服务越多的客户，对企业的影响力也越大，其在企业客户网络中的地位也是至关重要的。在进行新产品营销中，企业为了促使创新产品更快地在人群中传播，会针对性地选择重要的客户进行专门营销，成立大客户(VIP 客户)服务团队，提供差别化服务，并且对这些关键客户进行更深入的调查，及时了解大客户的发展战略和经营策略，以便满足其发展的需要。同时，企业应该加大对本企业产品的研发力度，提高产品的技术含量，一个企业所能提高的产品或服务越能满足客户需求，客户就越会去这个企业购买产品或服务，从而在企业的客户群中保持较高的忠诚度，为企业带来巨大的利润。

2.1.4　大节点的分散性

集聚系数主要用来考察网络的聚集化程度，网络的集聚系数越大，聚集程度越高。度值小的节点聚集程度高，度值大的节点反而是比较分散的。度值小的节点之间的信息流远远小于度值大的枢纽节点之间的信息流。

在 SOC 芯片的客户网络中，大客户(大节点)是比较分散的，并没有在网络中形成集团化，但是他们之间的信息流通量是非常大的，一旦有大客户购买该企业的产品，其他大客户就会迅速知晓，并且能够掌握产品的相关信息，为自己做出正确的购买决策。基于这一点，企业应该重点把产品推广到大客户中，利用大客户之间信息流量大的特点，在大客户之间形成良好的口碑，从而提高该产品的市场占有率，在短时期内形成一定的市场规模。对于集聚系数高的小客户群体，会对新产品的扩散起到积极的推动作用。虽然他们之间的信息流通量较小，但是地理位置的社区效应恰恰弥补了这点不足，新产品一旦被这些小客户所采用，就会在其影响范围内迅速形成扩散效应，使新产品在这些客户群体中具有一定的产品影响力，容易形成区域的市场规模。对于小客户的复杂网络，企业可以根据这些小客户的共同特征，制订相应的产品推广计划，影响大多数小客户的购买行为，从而影响其他小客户的消费偏好。

2.1.5　度相关性为正数

度相关性(degree correlation)刻画了在统计意义上网络中高度数结点是偏向于与其他高度数结点连接，还是偏向于与低度数结点连接的网络结构特征。如果度大的结点倾向于连接度大的结点，则称网络是正相关的；反之，如果度大的结点倾向于和度小的结点连接，则称网络是负相关的；若不存在上述关系，则称网络没有度相关性。

通过分析发现，SOC 芯片的复杂客户网络是一个正相关的网络，并且随着度值的逐渐增大，其复杂客户网络的相关度也逐渐增加。根据度相关的定义可知，正的度相关会导致高度数结点与高度数结点相连，从而在网络中形成一个巨大的集团，即内部联系紧密而与外部联系稀缺的子网络，如 SOC 芯片的大客户和小客户。对于新产品的产业化过程而言，这样的网络结构会导致集团的内部一致性和外部抵抗性：集团内部的结点容易趋同，降低了可达时间，但与外部结点难以相互影响，阻碍了网络中结点整体性趋同，降低了存活概率，表现为对放大系数的削弱。由于网络中所有节点企业都与其他相关节点的企业具有紧密的联系，其中一个节点企业的购买行为，无论是大节点企业还是小节点企业，总是直接或间接地影响着其他企业的购买行为。如果几个大客户或小客户都购买了SOC 芯片，并且对该产品做出较高的评价，那么其网络内的其他大客户或小客户一定会受其购买行为的影响，从而调整自己的购买决策，转而购买该产品。"牵一发而动全身"，作为生产企业，既不能得罪一个大客户，也不能轻易放弃一个小客户。一旦失去任何一个客户，其所带来的机会成本都是不可预知的，而且企业也会面临某些未知的风险，这必将增加企业的经营风险。所以，企业要针对不同的客户类型制定不同的管理策略，提高客户对产品和服务的满意度，建立一个持久、稳固的客户关系网。

2.2　SOC 芯片客户复杂网络建模

2.2.1　复杂网络的基本特性

1. 小世界性

1998 年 Watts 和 Strogatz 提出了小世界网络模型[7]，小世界网络模型的特征是具有较小的平均路径长度和较高的集聚系数。网络中两点间的距离通常是指连接两点的最短路径的边的数量，而所有节点对之间距离的平均值就是平均路径长度。节点的集聚系数是指与节点相邻的节点之间实际存在的边数与这些节点都互连的最大边数之比，网络的集聚系数就是网络中所有节点集聚系数的平均值。在复杂客户网络中，节点客户之间相互交流的程度对应于复杂客户网络的平均集聚系数，客户之间相互影响的程度对应于平均路径长度。随着 IT 的快速发展及互联网的普及应用，越来越多的客户通过应用 IT 建立彼此之间的连接，如企业资源管理计划（enterprise resource planning，ERP）、电子数据交换（electronic data interchange，EDI）等。信息共享使各个节点客户的联系更加紧密，交流更加频繁，这也验证了复杂客户网络具有较高的集聚系数。

在复杂网络模型中的小世界模型是以简单的措辞来描述大多数网络，不论网络规模多大多复杂，总会在这个网络中找到任意两个节点之间相对较短的路径。在小世界网络中，有以下三个特征：①各个节点之间都有最短的路径；②相邻的节点都会彼此连接在一起，即是网络的聚集度；③对任何规模的网络都会随着网络规模变得越来越巨大而网络中的节点却保持相对较短的路径长度，即是对数路径。

智能移动存储设备 SOC 芯片在复杂客户网络中也具有小世界模型中的以上三个特征。

第一，节点客户与节点客户通过各种 IT 来彼此进行信息的交流与沟通，各个节点上的客户都可以通过信息流或是公司组织的各种活动来联系起来，这样使网络中各个节点之间存在最短路径。

第二，在各个节点客户中，不同客户可以根据自己对公司产品或服务的要求不同，以及自身的原因等，把和自己企业消费相同或类似的企业联系起来，从而形成一个小群体，这就是聚集性。

第三，随着公司对客户管理的加强和完善；对客户潜在购买力的挖掘和潜在客户的寻找，会使自己的客户网络规模不断增大，而新进入的客户可能是通过已有客户的介绍、宣传等原因进入的，所以会和原有客户保持联系，也就是说客户节点之间还是存在着最短路径的，从这可以得出复杂客户网络规模不断增大，但是客户节点之间的最短路径也会相对应的保持。

2. 无标度性

无标度网络的研究发现为人类认识复杂网络系统开辟了新的天地。无标度指出了许多现实复杂网络，包括新陈代谢网络和互联网等，它们的度分布函数都呈现幂律形式。这种幂律分布的形式没有明显的特征长度，所以该类网络称为无标度网络[8]。在无标度网络里一般都具有几个较大节点，且大多数的节点只与一两个少数节点相连接，但这些少数结点往往拥有大量的连接。无标度一般用来分析网络的动态特征，揭示大型复杂网络的拓扑结构。

复杂客户网络也具有无标度网络的特征，即网络中存在度很大的节点。这里某节点的度是指与该节点相邻的节点数目，或者是与该节点相连的节点的边的数目。无标度网络的特征是度分布的高度弥散性及其自相似结构，网络中只存在几个度数非常高的中枢节点，而大部分节点的度值都很低。在一个复杂客户网络中，通常都有几个忠诚度高、对企业价值大的客户(也就是企业的核心客户)，这些客户就是网络中度值较大的节点，这些客户能为企业带来更多潜在的客户和利润，并且对周边度值较小客户的购买决策具有一定的影响力，这些大客户通过应用 IT 等其他方式与其他节点客户建立起密切联系，并通过这些大客户对企业产品服务的选择进而去影响周边与其关系密切的小客户，带动小客户去购买企业的产品或服务。

在无标度网络中有以下两个重要的特性[9]。

(1)增长特性：网络的规模不断扩大，在研究初始时刻，假设系统中有一定数量的节点，在以后每一个时间间隔中，会增加一个新的节点，其度值为 m，并将这 m 条边连接到网络中已有的 m 个不同的节点上。例如，每个月都会有大量新的科研文章发表，而互联网上每天都会产生大量新的网页。

(2)优先连接特性：即新的节点更倾向于与那些具有较高连接度的"大"节点相连接。这种现象也称为"马太效应"或"富者更富"现象。例如，个人主页上的新的超链接更有可能指向雅虎、新浪、搜狐等著名的网站，新发表的文章更倾向于引用一些已被广泛引用的重要文献。

无标度特性通过公式和图形具体表现如下。

1)度分布

BA 模型生成的网络的度分布是无标度的，因为网络中的每一个节点有 k 条边的概率 $p(k) \sim 2m^2 l^{-3}$，如图 2.1 所示。

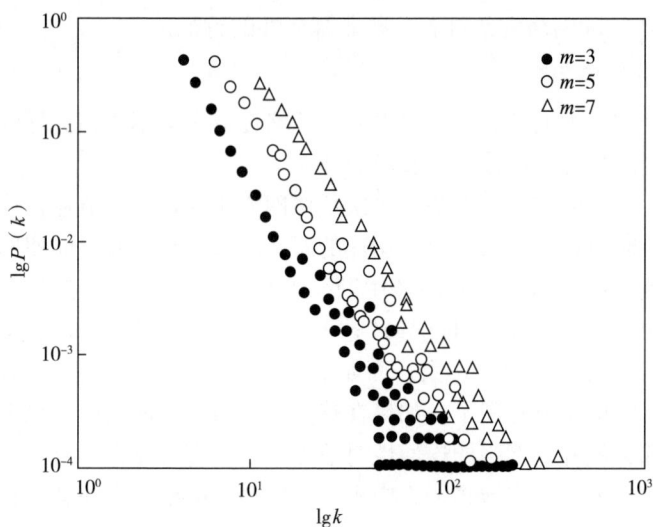

图 2.1　BA 模式的度分布

2)平均路径长度

BA 无标度网络的平均路径长度为 $L \propto \dfrac{\log N}{\log\log N}$，这表明该网络也具有小世界特性。

3)聚类系数

BA 无标度网络的聚类系数和网络大小有关，近似成一种幂律分布。

在复杂客户网络中无标度均符合以下两点重要特性。

(1)增长特性，即对于任何一个企业来说，客户关系管理的目标之一就是要不断解决如何通过提供优质服务去吸引和开发新客户，通过提高自己的产品质量和更好地满足客户的个性化需求以及增加自己企业的好评、口碑等各种手段，来使自己的客户网络规模不断扩大。

(2)优先连接特性，即新引进的客户更倾向于与那些大客户相联系，或是通过那些大客户了解到企业的产品能为自己带来的好处，通过大客户的各种购买举动来影响自己的购买策略，更多新引进的客户倾向于与大客户聚集。这样就形成了"马太效应"或是"富者更富"的效应。客户之间相互分享使用该企业的产品或服务的信息，使企业的类似客户更多地聚集在一起，形成一个团体。

无标度网络的亮点在于它把复杂网络的无标度的特性归结为增长和优先连接这两个简单明了的机制。这比较符合科学研究中从复杂现象提取简单本质的特点。当然，与真实网络相比，BA 无标度网络模型难免存在一些明显的限制。例如，BA 模型只能生成度分布的幂律指数固定为 3 的无标度网络，而在实际生活中，各种复杂网络的幂律指数大体是不相同的，而且大多数幂律指数的范围为

2～3。此外，实际网络常常具有一些非幂律性的特征。

3. 鲁棒性和脆弱性

当对复杂网络中的节点进行攻击时，网络度分布的不均匀会导致面对不同的攻击出现不同的特性，如鲁棒性和脆弱性。

鲁棒性：假设给定一个网络，每次从该网络中移走一个节点，这也意味着移走该节点的同时也移走了与该节点相连的所有的边，从而有可能使网络中与该节点相连的其他节点之间的一些路径中断。如果在节点 i 和节点 j 之间有多条路径，中断其中的一条路径就可能导致这两个节点之间的距离 d 增大，从而整个网络的平均路径长度 L 也会增大。而如果中断节点 i 和 j 之间的所有路径，那么这两个节点之间就不再连通了。如果在移走少量节点后网络中的绝大部分节点仍是连通的，那么就称该网络的连通性对节点故障具有鲁棒性。

脆弱性：只要有意识地将网络中极少量度最大的节点去除就会影响整个网络的连通性。

对于一个企业来说，它的客户网络经常会遭到外界的打击，一种是随机攻击，这种情况可能是金融危机的出现或是市场的突然变化，这些都会对企业的客户网络造成一定的打击，使很多客户因为周围的市场环境变得恶劣而退出企业的客户网络；一种是蓄意攻击某些重要节点，既是这个企业的竞争对手蓄意对企业的客户网络进行打击，通过模仿或创新出更吸引客户的产品去瓦解这个企业的客户网络。当一个企业面临这样的危机和打击时，应该紧紧地抓紧自己的度大的节点，即大客户，从而较小地影响到自己的客户网络，使之能够保持完整和稳定。

2.2.2　复杂网络建模的原则

网络建模作为复杂网络研究的重要内容，不仅为了解网络复杂结构的外部构型和内在演化机制提供深入认识，还为在网络上扩散机制的研究提供了作为基础的网络平台[10]。复杂网络模型的某个系统中个体与个体之间的关系可以用形式化的语言来描述，从而反映系统的本质特征。

建立科学合理的复杂网络模型应当遵循以下几个原则。

（1）适应性，模型的统计参数可以通过适当地调整模型参数来得到。由于网络是不断成长的，网络中有新节点不断加入，当新节点接入网络时，网络中已经存在的连接数较多的节点更可能与这些新节点相连。新节点的不断加入使一些旧节点的连接数会越来越多，从而进一步增加了这些旧节点对将要加入新节点的吸引力。当然，这种连接数的增加也会受到接入容量、节点年龄等因素的限制。此外，还要考虑到旧节点连接数的增加方式，如旧节点中已有的连接数与被新节点选择建立连接的概率是指数关系还是线性关系，这些规则将直接影响网络的拓扑结构，从而影响网络模型的具体参数[11]。

（2）形式化，即要找到一个合理的显式公式使任何一个系统都显出简单明了的特征。根据复杂网络模型的发展过程，模型的建立不能仅仅使用数学公式，而要完全真实地反映现实系统的各种特征。更精细的复杂网络模型需要在简单数学公式（规则）的基础上，根据具体现实系统的各种特征加上相应的启发式构造策略。按这种方式演化生长起来的网络才具有真实网络的一些特征[12]。

（3）系统性，即在进行复杂网络建模时，必须对该网络中的各种要素进行系统思考和系统设计。这是因为复杂网络是一个由大量节点和公共边构成的复杂系统，而且各节点之间存在着许多不同程度的联系。对网络本身而言，就要求在进行复杂网络建模时，必须对复杂网络的构成要素进行系统思考和系统设计。复杂网络的应用范围非常广泛，因此在进行复杂网络建模时，应当将复杂网络置于某种特定的现实系统中。另外，复杂网络涉及许多利益相关的主体，因此，在进行复杂网络建模时，必须全面考虑网络中各个节点所处的内部环境和外部环境。

（4）科学性。复杂网络建模的科学性原则主要体现在三个方面：首先，对网络要素的现状与问题要进行科学的调查。其次，对网络要素的现状与问题要进行科学的分析。科学调查是科学分析的基础，只有对调查资料进行科学的处理和分析，才能得出科学的结论。最后，要有科学的规划方法和程序。

（5）可行性。可行性原则是指在进行复杂网络建模时，必须使各种网络要素的定位、目标和措施适合本领域的实际情况，具有可操作性。

2.2.3　数据来源和网络构建

网络的拓扑性质即是网络不依赖于节点的具体位置和边的具体形态就能表现出来的性质，其对应的结构叫做网络的拓扑结构。复杂网络是对复杂系统非常一般的抽象和描述方式，它突出强调了系统结构的拓扑特征。用复杂网络拓扑作为知识表示的基本方法来研究客户关系网络，首先要通过计算机方法来模拟生成一个复杂客户网络的拓扑结构。为了方便讨论，作者把复杂客户网络做以下的假设和简化。

第一，不具体区分各类节点的个体差异，统一使用无向无权图表示网络关系。

第二，把每个客户看做节点，客户之间的关系看做边，任意两个节点间只要有信息流，就认为这两个节点之间有连线，并定义这样构建出的二维网络图为网络拓扑模型。

第三，为了研究网络拓扑模型的性质，将该网络用一个矩阵来表示：设 N 为全部节点的总数，则模型可以用 $N \times N$ 的矩阵 $\boldsymbol{M}$ 来描述，矩阵元 M_{ij} 的值定

义为节点 i 与节点 j 是否存在连接，真记为 1，假记为 0。此外，节点 i 的度 k 定义为与该节点网络距离为 1 的节点数。其一般表达形式如下：

$$M=\begin{bmatrix} 1 & 0 & 1 & 1 & 0 \\ 1 & 1 & 0 & 0 & 0 \\ 0 & 1 & 1 & 0 & 1 \\ 1 & 0 & 0 & 1 & 0 \\ 0 & 0 & 1 & 0 & 1 \end{bmatrix}$$

第四，假设 SOC 芯片目前拥有 130 个客户，作者将客户网络用一个 130×130 的邻接矩阵（表示的是节点与节点之间的关系）A 表示，在这里的节点代表一个客户，节点 i 到节点 j 之间有联系，则 $a_{ij}=1$，否则用 0 表示。

依据以上假设，得到该公司复杂客户网络中节点连接数和拓扑图，如表 2.1 和图 2.2 所示。

表 2.1　复杂客户网络中节点连接数

节点	节点 1	节点 2	节点 3	节点 4	节点 5	节点 6	节点 7	节点 8	节点 9
节点连接数	25	15	15	19	13	10	9	9	10

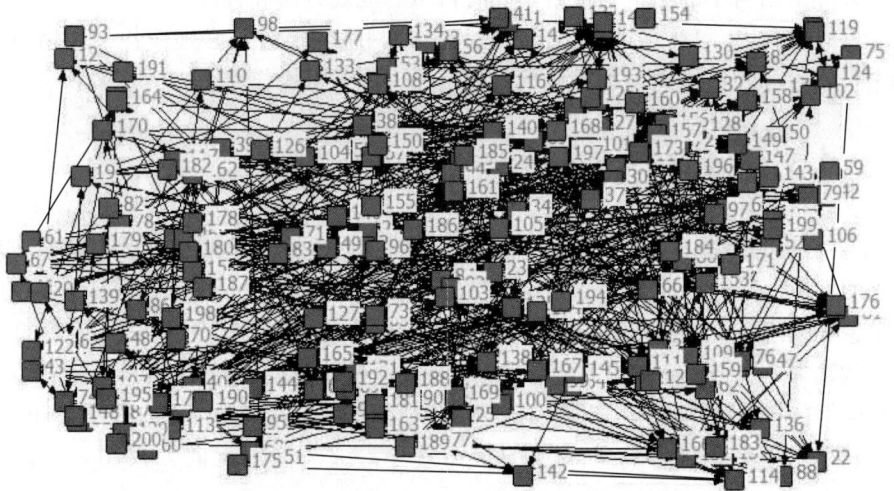

图 2.2　SOC 芯片复杂客户网络的拓扑图

对于复杂网络拓扑性质分析的度量参量有很多，但最基本的主要有网络的点度分布、平均路径长度、介数、集聚系数等。下面从以下几个方面对 SOC 芯片的复杂客户网络的拓扑性质进行分析。

1)点度分布

度是一个简单而又重要的概念，它反映了单独节点的属性。节点 i 的度 k_i 定义为与该节点连接的其他节点的数目。直观上看，度越大意味着这个节点在某种意义上越"重要"。网络的(节点)平均度 $<k>$ 即为网络中所有节点 i 的度 k_i 的平均值。通常用分布函数 $P(k)$ 来描述网络中节点的度的分布情况。定义 $P(k)$ 为网络中度数为 k 的节点个数占总节点数的比例。许多网络的度分布可以用幂律(power-law)形式表示，其一般表达式为

$$p(k) \propto k^{-r} \tag{2.1}$$

其中，r 为尺度因子。由于幂律分布没有标志性的特征长度，因而该类网络被称为无尺度网络，相对应的幂律分布被称为网络的无尺度特性。

在复杂客户网络中，一个节点的度越大就意味着这个节点对企业该客户的客户管理越重要，以及对其他客户在产品或服务的选择上的影响越是巨大。复杂客户网络中节点的度的分布情况可以用分布函数 $P(k)$ 来描述，它表示的是网络中度值为 k 的节点出现的概率，反映了网络拓扑的连接情况。

$$P(S>s) \sim \begin{cases} s^{-0.38}, & s \leqslant 10^5 \\ s^{-1.68}, & s > 10^5 \end{cases} \tag{2.2}$$

通过计算得出了 SOC 芯片的复杂客户网络中的点分布，如图 2.3 所示。

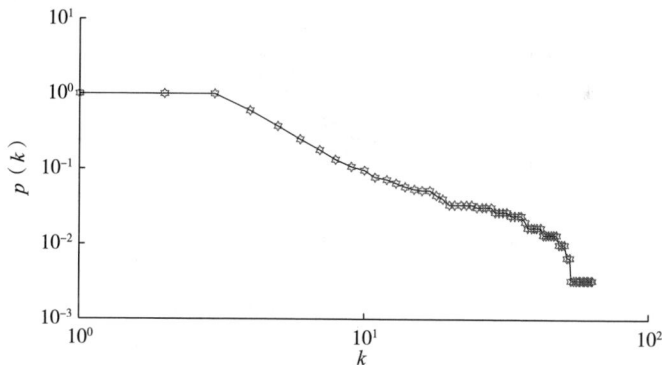

图 2.3　SOC 芯片的复杂客户网络中的点分布

2)平均路径长度

网络中节点之间的距离 d_{ij} 定义为：节点 i 和 j 之间的连接这两个节点的最短路径上的边数。网络的直径是网络中任意两个节点之间的距离的最大值，记为 D，即

$$D = \max_{i,j} d_{ij} \tag{2.3}$$

网络中任意两个节点之间的距离的平均值即为平均路径长度，即

$$L = \frac{1}{\frac{1}{2}N(N+1)} \sum_{i \geqslant j} d_{ij} \qquad (2.4)$$

其中，N 为网络节点数。网络的平均路径长度也称为网络的特征路径长度。平均路径长度是复杂网络中一个重要的特征度量，它是指网络中所有节点对之间的平均最短距离。平均路径长度可以衡量客户网络中客户之间网络的传输性能与连通性。

用式(2.3)与式(2.4)及上述假设数据可以得出 SOC 芯片复杂客户网络的平均路径长度是 1.8，这意味着任意一个客户通过信息流，平均只需要 1.8 次就可以了解到其他客户对企业产品的评价。相对于网络规模的 130 个客户来说，这个平均路径长度相对 1.8 来说是较低的。

3)点强度分布

点强度的定义是与节点相连的边权总和，在 SOC 芯片的复杂客户网络中的边权是指客户购买 SOC 芯片产品或服务的数量以及客户为 SOC 芯片所带来的利润大小。SOC 芯片的复杂客户网络的点强度分布与点分布类似，如图 2.4 所示。

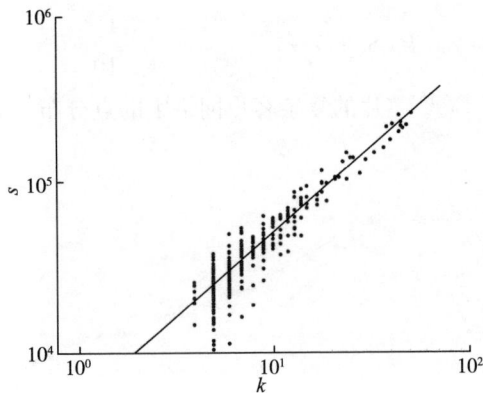

图 2.4　SOC 芯片的点强度分布图

4)介数

介数分为边介数和节点介数。节点的介数是指网络中所有的最短路径中，经过节点 i 的最短路径的条数；网络的所有最短路径中，通过某条边的最短路径的条数称为该边的介数。节点介数反映的是节点在网络中的枢纽性，节点的介数越大，表明这个节点的枢纽性质越强，删除这样的节点会使大量的节点对之间的最短路径变长，边介数也有同样的性质。

在 SOC 芯片的复杂客户网络中，通过计算得出了几个点具有较大的介数，说明这几个客户对相应的客户或者整个客户网络来说作用和影响力是巨大的，要保持好与该客户的关系，时时与该客户保持联系，发现其最新动态和对产品的要求，及时做好客户服务和调查，通过满足此类大客户的需求来拉近彼此关系，从而通过该客户的影响力去影响那些周边小的客户，使更多的客户来购买 SOC 芯片的产品或服务，提高 SOC 芯片的市场份额和竞争力。

5）集聚系数

研究表明，多数的社会关系网络表现为群落结构，即网络中的节点按群分布，群里的节点之间有着紧密的边相连，而群与群之间的关联边就较少。这种衡量网络的集团化程度的参数就是集聚系数。在客户网络中，客户也按照不同类型、不同要求的服务或产品而彼此之间存在着聚集现象。从拓扑结构的角度看，就是如果节点 A 与节点 B 相连，而节点 B 与节点 C 相连，那么节点 A 也极有可能与节点 C 相连，用一句形象的话来说就是你的朋友也可能是你朋友的朋友。

对网络中的任意一个节点 i 来说，其集聚系数 C_i 表示与 i 相连的节点中任意两点之间相互连接的概率。它可定义如下：如果与节点 i 相连的点的数目为 K_i，则在这 K_i 个节点之间最多存在 $\frac{K(K-1)}{2}$ 条边，而实际存在的可能只有 E_i 条边，则得到 i 的集聚系数 C_i 为

$$C_i = \frac{2E_i}{K_i(K_i-1)} \tag{2.5}$$

对具有多个节点的网络来说，网络的集聚系数 C 则定义为网络中所有节点的集体系数的平均值，即

$$C = \frac{1}{N}\sum_i C_i \tag{2.6}$$

计算后得到 SOC 芯片复杂客户网络的平均集聚系数是 2.1。可以看出节点中度大的集聚系数较小，度小的节点之间联系紧密，度大的节点彼此之间信息流较大。这个现象符合"富者俱乐部"或"富者更富"现象，即度大的节点之间信息流流通量大大高于非枢纽节点之间的流量。SOC 芯片的集聚系数图如图 2.5 所示。

6）度相关性

Newman 把度相关性称为"匹配模式"，即考察那些度值大的点是否倾向于和度值大的（或是小的）点连接。具体的方法是，通过任意一条边都可以找到两个顶点，进而得到两个度值，这样通过所有的边就得到了两个序列，分析这两个序列的相关性即可。SOC 芯片的相关度如图 2.6 所示。

通过以上的方法，可以看到在不带权的相关性指标下，SOC 芯片的复杂客户网络的度相关性是正的，随着度的增加逐渐增加。这就说明了复杂客户网络是一个正相关的网络，就是说节点中度大的都会与度大的节点相连接，即某个大客户一般都会受其他大客户的购买动态所影响。

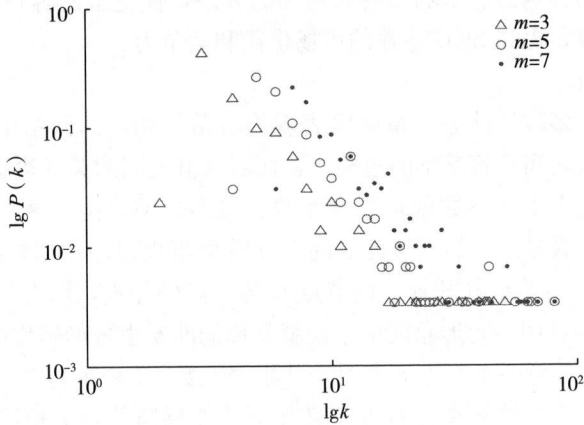

图 2.5　SOC 芯片的集聚系数图

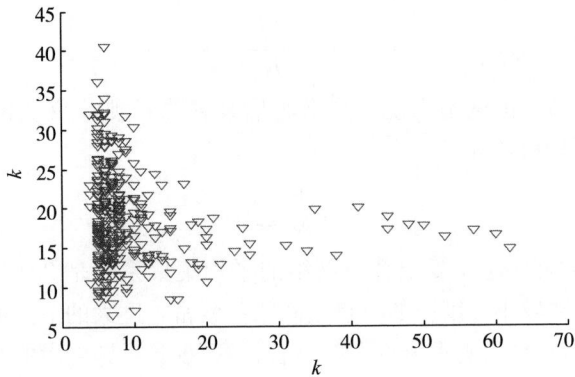

图 2.6　SOC 芯片的相关度

7)度和集聚系数之间的相关性

在网络中用来描述不同网络结构之间差异的是集聚系数和度之间的相关性,它包括两个方面——节点度分布与其集聚系数之间的相关性和不同度数节点之间的相关性。节点度分布与其集聚系数之间的相关性是指高度数节点的集聚系数偏向于高还是低。不同度数节点之间的相关性是指网络中与高度数(或低度数)节点相连接的节点的度数偏向于高还是低。

实证表明,在社会网络(演员合作网络、公司董事网络、电子邮箱网络)中节点具有正的度的相关性,而节点度分布与其集聚系数之间却具有负的相关性,通过上述对 SOC 芯片复杂客户网络的度相关性和集聚系数的计算,可以看出符合实施规律:在 SOC 芯片的复杂客户网络中,节点是具有正的度的相关性,且节点度值大的往往其集聚系数较小。

　　智能移动存储控制 SOC 芯片客户网络是一个典型的、开放式的复杂客户网络，其客户网络中存在着大客户，公司通过维护好自己的大客户，从而提高企业的市场份额和竞争力。通过对公司经营影响最大的客户网络的研究，公司能够更加准确地制定出相应经营策略及客户服务体系等，为智能移动存储控制 SOC 芯片的产业化开辟道路。

第 3 章

SOC 芯片产业化的环境识别

SOC 芯片产业化过程要顺利实施，就要对 SOC 芯片的产业化环境进行正确的分析和识别。分析过程要从现有的 IT 技术产业化环境入手，找出不同发展阶段的基本特征，提出目前我国 IT 产业的不足之处，找到问题的关键。然后根据具体情况，分析 SOC 芯片的产业化环境。从外部环境、内部环境和 SWOT 三个方面，全面系统地针对 SOC 芯片产业化所面临的政策环境、市场环境、技术环境、资源环境等进行分析，为 SOC 芯片产业化模式的建立奠定基础。

■ 3.1 IT 技术产业发展的现状

3.1.1 IT 技术产业化的主要特点

随着 IT 的飞快发展与经济全球化脚步飞速加快，信息产业俨然成为我国的重要产业支柱之一，目前 IT 产业的发展趋势具有以下几个特点。

1. 增长速度快

目前，我国增长速度最快的产业之一就是 IT 产业，2009 年，电子信息产业实现销售收入同比增长 24.8%，高达 38 411 亿元，工业增加值同比增长了 28.2%，达到 9 004 亿元，其在国内生产总值（GDP）的比重比 2005 年提高了近 0.8 百分点，所占比重为 4.94%，在各工业的排名中处于首位（表 3.1）。2009 年的外贸出口总额中信息产业的出口额在各行业中也处于首位（表 3.2）。2009 年我国的 IT 企业数量比 2005 增长了近 200%，达到了 8 987 家之多；就业人数也比 2005 年增长了近 200%，达到了 436.71 万人（表 3.3）。计算机行业是 IT 产业的核心，其也保持着高速的增长趋势，2009 年我国拥有的计算机总数同比增长了

35.5%，达到了 9 084 万台(表 3.4)[13]。

表 3.1　2005~2009 年我国电子信息产业增加值占 GDP 比重趋势

年份	信息产业增加值/亿元	GDP/亿元	所占的比例/%
2005	1 876	95 988	1.95
2006	2 985	104 884	2.85
2007	4 067	118 976	3.42
2008	5 687	138 975	4.09
2009	9 004	182 321	4.94

表 3.2　2005~2009 年我国电子信息产业出口额状况

年份	信息产业出口额/亿美元	外贸出口总额/亿美元	信息产业出口额占外贸出口总额比重/%	信息产业出口额同比增加幅度/%
2005	666	2 778	23.97	—
2006	987	3 236	30.50	48.20
2007	1 678	4 398	38.15	70.01
2008	2 675	5 965	44.84	59.42
2009	3 898	7 667	50.84	45.72

表 3.3　2005~2009 年我国电子信息制造企业数及就业人数

年份	就业人数/万人	企业数/家	就业人数同比增长/%
2005	202.12	4 789	—
2006	228.18	5 265	12.89
2007	270.74	5 987	18.65
2008	333.40	6 765	23.14
2009	436.71	8 987	30.99

表 3.4　我国计算机的发展趋势

年份	计算机/万台	增长率/%
2005	978	7.0
2006	1 765	58.5
2007	3 616	119.8
2008	6 976	85.8
2009	9 084	35.5

2. 竞争度高

目前来说，我国的 IT 企业走的只是模仿路线，并不具有领先全球的信息产品技术。在 IT 产业中，有着众多模仿能力强的企业，在 IT 产品推进国产化的情况下，整个行业就会处于竞争度较高的阶段中，此时这些企业就会采取低成本的竞争战略，然而这种战略会大大消减竞争者的利润。2005～2009 年我国的 IT 制造业企业的销售利润从 5.41％减少到 3.3％（表 3.5），在此期间，亏损企业的数量也从 1 278 家增长到 2 255 家，亏损达到了 25.36％（表 3.6）。亏损企业的数量增加以及销售利润的降低造成了更加激烈的市场竞争。

表 3.5   2005～2009 年我国 IT 信息制造业的利润表

年份	销售利润率/%	成本费用利润率/%
2005	5.41	5.68
2006	4.21	4.42
2007	3.84	3.99
2008	3.83	3.99
2009	3.30	3.40

表 3.6   2005～2009 年我国 IT 信息制造业亏损企业数量

年份	亏损的企业数量/家	企业总数/家	亏损率/%
2005	1 278	4 789	27.43
2006	1 346	5 439	25.38
2007	1 467	5 954	23.63
2008	1 789	6 728	22.98
2009	2 255	8 890	25.36

3. 以外资企业为主导

2009 年我国的 IT 产业中，港澳台及外商投资企业的数量为 4 566 家，约占整个行业企业总数的 51％。2009 年我国 IT 工业总产值为 26 682 亿元，其中港澳台和外商的投资企业工业产值占 84.54％，达到了 22 558 亿元（表 3.7）。

表 3.7   2009 年我国 IT 产业不同企业类型以及工业总产业值

项目	港澳台及外商投资企业	国有企业	股份制企业	集体企业	私营企业	股份合作企业	其他	合计
企业数/家	4 566	379	215	172	2 319	154	1 087	8 892
工业总产值/亿元	22 558	817	1 021	77	875	36	1 298	26 682
产值构成/%	84.54	3.28	3.83	0.29	3.28	0.13	4.87	100

表 3.7 表明了外资企业在我国 IT 产业中占据着主导地位。但值得说明的是，台资的 IT 企业在整个外资企业中所占的比重尤为突出。2000 年我国的 IT 产业值达到了 255 亿美元，位于世界第三位，其中台资 IT 产业值达到了 185.77 亿美元，占整个产业的 72.8%。台湾不断地扩大其在大陆的投资规模。1995～2005 年，台湾的资讯硬件值增加了 3.1 倍，从 195 亿美元增长到 800 亿美元，居于全球第二位的资讯硬件的生产者，其产量仅次于美国[14]。

如果我国 IT 产业基石是港商消费类电子加工业和电子工业，那么推动内地 IT 产业成形、加入全球分工体系快速发展的中心力量是台资 IT 产业的推动。所以说，从 20 世纪 80 年代末以来，台资 IT 产业吸纳美国、日本等发达国家的资金及技术，向大陆输出的过程中发挥了"桥梁"的作用，这样就把全球的 IT 产业与我国大陆连接起来，成为这个产业链中的重要节点。

4. 产业集群的凸现

到目前为止，我国 IT 产业形成了四个 IT 产业集群，即环渤海地区、珠江三角洲地区、中西部地区及长江三角洲地区（表 3.8）。其中环渤海的 IT 产业集群以北京为中心，包括北京[集成电路(integrated circuit, IC)]、大连（软件业）、天津（移动通信手机和电子元器件）和青岛（电子家电）四个国家级的 IT 产业基地。珠江三角洲地区的 IT 产业集群以东莞（电脑资讯）、深圳（微电子、通信）、中山及广州（软件）为中心，包括深圳和广东珠江三角洲地区的国家级 IT 产业基地。中西部 IT 产业以西安（软件、光电信）、成都（军工电子）及武汉（光电子产业）为重心。在长江三角洲地区 IT 产业集群中以上海为中心，涵盖浙东北地区、苏中南，包括上海（IC 设计）、苏州（IT 设备制造）及杭州（通信制造、IC 制造）三个国家级的 IT 产业基地。这些 IT 产业集群具有配套能力以及较大的规模，且其产业链较为完整。

表 3.8　我国 IT 产业集群

区域名称	重点城市	具体产品
珠江三角洲地区	中山、广州、东莞、深圳	通信、微电子、软件、电脑资讯
长江三角洲地区	上海、南京、苏州、杭州	通信制造、IC 设计与制造、IT 设备制造
环渤海地区	北京、大连、青岛、天津	电子元器件类、软件、电子家电、IC
中西部地区	西安、成都、武汉	软件、光电信、军工电子、光电子产业

IT 产业的集群通过产业组织优化及地理集中度，可以获得以质量为基础的产品差异化优势、市场竞争优势及产品创新优势、生产成本优势，从而能够降低交易成本、提高经济规模，有助于要素流动，实现基础设施与服务设施的共享，

提升 IT 产业的竞争力，且在此基础上逐步向四周辐射，从而带动全国 IT 产业的发展。

3.1.2　IT 技术产业化的发展阶段

1. 世界 IT 技术产业发展阶段

世界 IT 产业的发展起点可以追溯到 20 世纪的 40 年代，也就是第三次科学技术革命时期，在 70 多年的 IT 产业发展历史中，大致可以分为如下几个发展阶段。

1）起始阶段

起始阶段为 20 世纪 40～60 年代。这个阶段是整个 IT 产业发展的最初始时期，在这个阶段中，整个 IT 产业基本都聚集在美国，美国将 IT 产业垄断，从技术研发到产品生产与开发都给予垄断。

2）初级扩散阶段

初级扩散阶段为 20 世纪的 60～80 年代。在这个初级阶段，正是处于冷战期间，作为"领导者"的美国通过全球战略调整，把自身的一部分电子信息产业转移给了日本与西欧地区，因此在初级扩散阶段中，西欧与日本在 IT 产业中都得到了快速发展，但是 IT 产业的主导国家仍是美国。

3）IT 产业在亚洲快速发展阶段

IT 产业在亚洲快速发展的阶段为 20 世纪的 80～90 年代。从 80 年代开始，IT 产业链中的基础环节基本都从美国、日本、西欧等国家和地区转移到了中国香港、中国台湾及印度、新加坡、韩国等，其中印度的发展速度尤为惊人，一举成为仅次于美国的世界上第二大软件出口国家，且在世界 IT 产业中占据着十分重要的位置。

4）IT 产业向中国快速聚集的阶段

自从 1998 年亚洲的金融风暴结束后，我国大陆成为 IT 产业链与大量资金走向的共同目标。旧的分工模式正在逐渐解体，新型的 IT 产业模式正式落成。具体来说，美国依旧是 IT 产业发展的领导者，从最基本的技术研发到开发软件等都占有绝对的优势；日本作为佼佼者则拥有较为强大的技术研发能力；而 IT 产业发展较为迅速的地区是"亚洲四小龙"和西欧地区，它们主要涉及的产业是基本研究和技术开发等。印度是世界上最为重要的计算机软件的生产、出口、加工基地，而我国主要涉及 IT 产业的零部件制造。

2. 中国 IT 技术产业发展阶段

对于我国来说，IT 技术产业发展较世界 IT 技术产业发展时间要晚，其发展起点是在改革开放之际，IT 企业是引进、模仿、代理及跟踪国外品牌的技术，此期间的市场特点是市场技术交换，随着日益凸显的劳动资源优势，许多国外企业通过合资的形式在我国设立厂房，因此我国成为了品牌 IT 企业的大生产家。

以加工技术含量的角度来分析，IT 产业在我国可以分为四个层面，即委托制造（original equipment manufacture，OEM），委托设计制造（original design manufacture，ODM），服务、设计、制造（design，manufacture，service，DMS）及制造、工程、服务（engineering，manufacture，service，EMS）[15]。

OEM，又称为贴牌加工，不管是生产技术、产品设计还是生产设备和原材料，都是有外国品牌厂商提供的，而我国代理企业只负责其中简单的加工，并没有掌握核心价值。在整个全球的竞争中，各个跨国企业都采用贴牌加工战略，在全球寻找最佳的制造企业，然后处于全球 IT 产业价值链低端的我国则主要是以 OEM 来扩大生产，通过降低成本，扩大国际市场。

随着制造技术的日益成熟和生产规模的逐渐扩大，台资在内地 IT 产业首先在变压器、电源供应器等零件中出现订单委托制造的方式，即为委托设计制造，也就是说先由委托方提出对产品的大概要求，后期的研发则由企业通过自己的设计生产出最终的产品。后来，委托设计制造方式逐步向台式电脑等高端 IT 产品推进，到目前为止，我国部分的 IT 企业具有了此加工功能。

服务、设计、制造为一体的模式就是 DMS，也就是代工厂商按照品牌方的基本系统要求，自己设计、制造及维护产品的经营模式。

20 世纪末出现了一种新型的模式，即 EMS 模式，即品牌企业将自己的核心资源专注于研发自己的产品与市场运营，将其他的非核心内容进行外包。在 EMS 模式下，品牌方只需要有个"思路"，然后将这个"思路"交给代工厂，使之成为产品。与最开始的 OEM 模式相比之下，EMS 掌握了诀窍，然而在我国的 IT 企业中，都还不具有 EMS 与 DMS 的模式。

从上文的叙述，分析出我国的 IT 企业正逐渐由 OEM 模式向 ODM 模式转变，从而说明了 IT 产业在向更高的层级发展，但是要达到一级水平还需要走很长的道路。

3.1.3　中国 IT 技术主要发展策略

经济全球化的大背景下，IT 产业蓬勃发展，同时 IT 产业也更加国际化，国际分工日益明显，IT 产业链正处于新旧交替的状态，为了更好地发展我国 IT 产业，本小节提出了如下措施。

1)确定中国在世界 IT 产业中的分工地位

我国正处于 IT 产业链的中下游,且这个地位在短时间之内是改变不了的。对于我国来说,在技术研发与创新中并不能取得很大的利润与优势,因此,应注重加工制造的环节,在其中有所跨越。我国在 IT 产业发展中,必须要有强大的产业基础作为后盾,要不断地提高核心竞争能力,只有这样才能在高精尖的技术领域中占有一席之地,所以我国要发挥自己的优势,根据各个地域的实际情况制定出合理的发展战略。

2)大力改善 IT 产业的投资环境

只有建立一个透明公平的制度环境,才能创造出有利于吸引外资的环境。在投资环境中,不仅要规范管理,提高外资引进的效率和质量,而且要建立健全的相关匹配服务体系。这是提升制造水平和完善 IT 产业链的重要基础。要加快物流体系的建设,尤其要加强海关 EDI 的建设,并促进配送服务体系、逐步改善交通条件等。同时,要提高各个相关服务行业的发展,如会计、广告、法律及管理咨询等,尤其是在 IT 产业聚集地区,从而为 IT 产业提供一个良好的发展环境。

3)大力培养 IT 技术人才

IT 产业发展的关键就是人力资源,虽然我国从事 IT 产业的人很多,但是整个产业缺乏具有一流水平的 IT 人才,要想推进 IT 产业的进一步发展,就应该积极吸引大量的 IT 高尖端人才。政府应该利用优惠政策去吸引优秀的海外 IT 精英,鼓励外籍人员或国外留学生在我国境内创办 IT 产业。

4)推进 IT 产业的对外开放

通过招商引资的方式,有针对性地去吸引更多的外资企业在我国投资建设,使企业能够争取为国际大公司做 ODM、OEM,从而能够提升国内企业的管理水平,积累大量的资金。要支持国内的企业纷纷到海外投资建厂,实施"走出去"的战略并大力扩大出口,全方位地去拓展国际市场。将"走出去"与"请进来"战略相结合,让跨国公司在我国能够没有障碍地发展信息产业,也要让国内企业没有障碍地走向世界的 IT 产业。

5)加快 IT 产业的基础设施建设

要想快速发展我国 IT 产业,必须要加快其基础设施建设。IT 基础设施是带动整个产业发展的动力。应以完善已有的光缆为主体的基础传输网,推动基本的电信服务,大力利用与开发最新的信息科技成果,加大力度建设能够覆盖我国的高度灵活、超大容量以及安全可靠的最新一代的公共信息网,构建出信息基础设施,同时要合理发展与之相适应的局域网与专用网,最终形成能够适应现代化的信息基础设施[16]。

3.2　SOC 芯片产业化的外部环境识别

3.2.1　SOC 产业化宏观环境识别

一般环境通常被称为宏观环境，是对各个产业都有着不同程度影响的外部环境。对于每个产业来说，对一般环境的控制能力最差，甚至是无法控制。但是，决定产业或是产品胜负的很多因素却都存在于或决定于一般环境之中。本小节通过运用 PEST 分析法与脚本分析法来识别 SOC 芯片产业的一般环境。

1. 宏观环境的 PEST 分析法识别

PEST 分析法是指对影响一切产业的各种宏观力量的分析。一般是对政治（political）、经济（economic）、社会（social）和技术（technological）这四大类影响产业的主要一般环境进行分析。但是 PEST 分析法中所阐述的四个一般环境并不能全面地涵盖一切影响智能移动存储控制 SOC 芯片产业化的因素，因此应该对PEST 分析法加以改进，本章针对智能移动存储控制 SOC 芯片产业化，把复杂客户、相关产业加入 PEST 分析法中，从而更好地分析智能移动存储控制 SOC芯片产业化的一般因素[17]。

1）政治环境

SOC 芯片产业的开发、成长、成熟等都与政府的指导、协调、服务有着密切的关系，政府可以通过制定政策去保护 SOC 芯片的创新、促进产业的扩散，为 SOC 芯片产业化铺平道路，两者的连接方式如下。

政府为 SOC 芯片产业化提供了基本的制度框架，其中包括有效的市场交易规则和产权结构，政府的强制力量与权威可以充当规则的裁判者与制定者。我国对于 SOC 芯片产业化的发展在政策上与法律上都给予了相应支持。

政策支持：对于高新技术产业的支持与发展上，我国同样在不同的时期提出了不同的政策，从而更好地促进高新技术发展。可以把这些政策划分为五个阶段，即恢复与探索期、启动与发展期、应用与成熟期、转型与法制期、跨越与创新期。现如今我国的高新技术政策正处于跨越与创新期，2006 年召开的 21 世纪首次全国科技大会就是我国高新技术发展中的一个重要里程碑，是部署实施《国家中长期科学和技术发展规划纲要（2006—2020 年）》的动员大会。该纲要明确提出未来 15 年科技工作的指导方针是"自主创新，重点跨越，支撑发展，引领未来"。把"自主创新"作为科技发展的第一原则说明我国高新技术政策指导思想已实现重大转型，"自主创新"将是未来高新技术发展的主流，智能移动存储控制

SOC 芯片正是秉承着这一原则，通过自主开发创新来开发出新一代的移动硬盘。

正如《中共中央　国务院关于实施科技规划纲要增强自主创新能力的决定》中所指出的：建设创新型国家，核心就是把增强自主创新能力作为发展科学技术的战略基点，走中国特色的自主创新道路，推动科学技术的跨越式发展。国家提出的高新技术的产业政策为智能移动存储控制 SOC 芯片提供了很好的产业环境，促进了 SOC 产业化的形成。

政府能够填补 SOC 芯片与市场间的缺位：SOC 芯片的研发是有风险的，企业资金通过市场筹集有着较大的难度，政府可以加大研发投入力度并完善风险投资的体系，从而能够为 SOC 芯片产业化发展提供坚实的基础。相关法律如下：我国制定了一系列的法律保护高新技术产品，并建立了高新技术产业企业的法律制度，并且不同的地区也设置了不同的区域高新技术保护与支持的相关法律。

2)经济环境

良好的经济环境能为 SOC 芯片产业化带来机遇，经济环境主要包括宏观和微观两个方面的内容。

宏观方面：2009 年我国的经济在刺激计划的发力之下呈现 V 形反弹，全年 GDP 增长为 8.5％。2010 以来，我国宏观经济继续回升好转，工业生产加速回升，投资保持稳定运行，消费持续快速增长，在各种利好的因素下，我国 2010 年宏观经济将呈现出前高后稳走势，全年 GDP 增长率达 10.6％，居民消费价格指数(consumer price index，CPI)增长 3.3％左右。

微观方面：从不同的角度来看 SOC 芯片产业化的影响因素，如产品市场潜力、技术转让风险、产品市场周期。

同样随着信息时代的发展，用户对大容量、快速、安全、便捷的存储有着迫切的需求。近年来，伴随着巨大的需求，市场出现了种类繁多的存储电子产品，如移动硬盘、数码伴侣、U 盘、MMC/SD/CF/MD[①] 卡、MP3/4[②] 等，移动存储市场持续呈现迅猛增长势头。从 2005 年至今，国内移动硬盘市场规模保持每年 30％以上的高速增长。2008 年国内存储解决方案供应商将会处于快速发展的临界爆发点，而新兴市场及成熟的技术将会成为未来发展的新热点。随着个人数据的增加，用户的信息安全意识快速增强，对于安全存储的需求越来越大。越来越多的商务人士身边除了配备手机、数码相机、笔记本电脑、掌上电脑(personal digital assistant，PDA)，还常常用数码伴侣、移动硬盘、各类存储卡等设备来存储数据，以备不时之需，但是数量繁多的高科技装备，也给随身携带

---

① MMC：multimedia card；SD：secure digital memory card；CF：compact flash card；MD：mni SD card。

② MP3：moving picture experts group audio layer 3；MP4：moving picture experts group audio layer 4。

带来诸多不便之处，市场上需要出现一种多功能的便携式安全存储设备。

智能移动存储控制 SOC 芯片的研发正是依据客户对于大容量、快速、安全、便捷的原装存储设备的需求，支持大容量存储、身份认证和数据加密的安全机制，同时支持多接口协议，具有高可靠、高速率、高数据处理能力的特点，并且 SOC 芯片体积超小方便客户携带。

技术转让风险：技术转让是技术市场的主要经营方式与范围。它是指技术产品从输出方转移到输入方的一种经济行为。在技术转让的过程中会因为产权、品牌等产生风险，北大方正研发的 SOC 芯片属于自主创新研发的高新技术产品，并不会出现技术转让的风险。

产品市场周期：就是指一个产品的市场寿命。一般分为介绍期、增长期、成熟期与衰退期四个阶段，对于移动存储设备来说，目前它正处于第二次飞跃，继续保持着其长期的稳定，所以对于智能移动存储设备 SOC 芯片来说正是进入市场的绝佳时期。

不论是宏观还是微观的经济因素都给 SOC 芯片产业化带来了机遇。

3）社会因素

近年来，各种信息秘密泄密事件比比皆是，如公众人物电话网上披露、股票密码被盗、网上银行账户被篡改等，都说明数据安全存储的必要性。几年前，在网上流传的"艳照门"事件，则为每个电脑用户敲响了保护个人隐私信息安全的警钟，我们正处在个人信息安全隐患重重的环境中。因此，在存储控制中，如何有效地实现数据的加密存取和用户数据的安全管理，是存储设备，特别是移动存储设备设计中重点关注的问题。

4）技术因素

技术的创新与技术的突破是高新技术产业的起点，在 IT 产业中，所发生的技术突破大多数与科学的发展有着密切的关系，这对经济的发展也有深远的影响。技术的发展与商业相结合，能够引导人们的某些市场需求，从而形成产业化，对于 SOC 芯片产业化的发展，也遵循着这样的一个路径，即"科学发现—技术的突破—市场的需求"，技术的创新中有着商业化的内在特征，若是一项技术成熟，环境适当，则它的产业化就是必然。

在 IT 产业中，尤其是移动存储设备的产业中，随着科技的发展，存储方式正在经历技术革新，基于电荷存储原理的存储介质获得广泛应用，以 U 盘、MMC/SD 卡、SSD(solid state drives)硬盘为代表的 Flash 存储设备在移动存储设备中占有越来越大的比重。以 Flash 存储为代表的新存储方式，在移动应用领域逐渐取代基于磁存储的硬盘存储，最终将与磁存储共同成为移动存储应用最主要的存储形式。虽然市场中出现了不同类型的存储设备，但是这些 IT 产品同质化日益严重，移动硬盘洗牌势不可挡。第二代技术的诞生是移动硬盘技术创新和科技的进步，具有产业发展里程碑意义，是未来移动硬盘发展的必然趋势，因此，全球各硬盘厂商均加速投入研发力量，期望短期内在该技术取得突破，不管是当前的市场环境，还是产品自身的核心优势，均有效证明第二代技术将是移动硬盘发展的必然趋势。

移动硬盘的技术发展日新月异，产品更加多样化，其技术的发展趋势有以下几点：①体积最小化，容量最大化；②数据的存取速度；③安全存储；④实用——整合多种技术，即整合适合大众消费者的功能，如可以播放高清电影的多媒体移动硬盘、连上网线可以直接下载电影的高清播放器等；⑤时尚外观；⑥抗震性更强，印制电路板(printed circuit board，PCB)加载的集成方法，不但省去硬盘与 PCB-SATA① 接口的连接，更避免生产过程中的焊接、组装、量产等人为过程，有效降低出错率与返修率，更大大提高了抗震性能。

SOC 芯片正在遵循着技术突破与市场需求相结合的道路，逐步实现其产业化。技术要素的突破是 SOC 芯片产业化实现的前提条件，对于智能移动存储设备 SOC 芯片的产业化所遇到的技术因素，可以从以下几个方面来分析。

(1)技术研发风险：SOC 芯片的技术研发风险主要是市场的需求与竞争对手的技术开发能力，从对宏观经济与微观经济的分析中，可以得出对于移动存储设备市场有着巨大的需求，各家竞争对手也是各展其能，研发新产品并将之推出市场，提高市场的份额。所以对于 SOC 芯片来说具有一定的技术研发风险。

(2)后续技术开发服务：对于产品 SOC 芯片推出以后的后续技术开发服务也是很重要的，当今市场竞争日益激烈，只有不断地提高自己的产品技术才能完善产品，满足客户的需求，扩大市场。

(3)技术被模仿能力：SOC 芯片是符合当今市场需求的高技术产品，其具有自己特色，但是在我国如此广阔的市场上，不仅有着国内各家企业的竞争，还有国外知名企业的压力，各个竞争企业在技术上都有着一定的实力，所以其被模仿的可能性较高，这将成为 SOC 芯片产业化的潜在威胁之一。

5)复杂客户

SOC 芯片的市场与其他高新技术产品的市场有着不同，其客户范围更为广泛，客户之间的关系是较为复杂的，SOC 芯片主要的客户群体有政府、军队、教育机构、金融机构、各大企业及普通的消费者。

政府、军队客户：随着技术的发展，高新技术及网络等都是各个国家政权的安全保障，中国信息安全测评中心的调查也表明，敏感数据安全问题主要来自泄密，所以对于政府来说，国家相关机密与数据的安全问题是头等重要的大事，对于具有极好安全保障的智能移动存储设备 SOC 芯片有着巨大需求。

---

① SATA：serial advanced technology attachment，串行硬盘接口技术。

教育、金融机构：随着电子化教学方式的普及，移动存储设施在教育行业中的作用也越来越重要，已经成为教师备课、存储资料、布置作业等方面的重要工具，在提高教学质量与丰富教学内容中起到功不可没的作用。同样在金融机构中数据等保密也是尤为重要的，SOC 芯片的保密系统正好满足了其对此方面的需求。

各大企业与普通的消费者：对于企业来说，企业自身的核心资源与数据都是企业占据市场、获取利润的重要保障，若是没有安全的保密工具，企业则时时要面对竞争对手超越自己、企业倒闭的危险，所以对 SOC 芯片有着较大的需求。同样，在 IT 如此发达的当今，普通消费者如何有效地实现数据的加密存取和用户数据的安全管理，如何保障个人隐私，都为移动存储设备功能提出了进一步的要求，SOC 芯片正好满足了消费者的这一需求。

在这些客户中，政府、军队是推动 SOC 芯片产业化实现的主要力量，是复杂客户网络中具有较大度值的节点，对其他节点企业、教育机构及个人消费者都有较为深远的影响。在 SOC 芯片产业化的过程中，要运用"技术扩散"去促进，从而达到产业化，也就是说在现实经济活动中，通过政府、军队使用 SOC 芯片所带来的效果示范，从示范中显示出 SOC 芯片的优越性去带动其他消费机构或是大众消费者，在这个过程中，政府起着重要的作用，通过"技术扩散"实现 SOC 芯片产业化。

6）相关产业发展

产业的发展不仅是其自身的问题，在很大程度上相关产业的发展也会影响该产业的发展，对于 SOC 芯片产业来说，与其相关的通信、计算机和信息安全等产业都与其有着密切的关系。

（1）信息传输、计算机和软件产业基础较好。

电话普及率、家庭视频产品的普及率、计算机拥有量均为高新技术产业的发展奠定了较好的硬件基础。据软件协会数据，作为我国工业领域第一大支柱产业，2005 年电子信息产业继续快速增长，实现销售收入 3.8 万亿元，增长 24.8%；电子信息产品进出口 4 887 万亿元，增长 25.8%，占全国进出口总额 34.4%。电子信息全行业完成投入 1 468 亿元，增长 21.7%。2005 年全国共生产台式机 3 520 万台、笔记本电脑 4 565 万台、手机 3 亿部、彩电 8 283 万台、集成电路 266 块。

截至 2010 年第一季度我国互联网上网用户总数达到 4.04 亿人。

互联网基础资源规模持续扩大。据互联网信息中心统计，截至 2010 年 2 月 5 日，我国国际协议版本 4（internet protocol version 4，IPV4）地址数量约为 2.35 亿个，居全球第二位。截至 2009 年年底，国内网站数量达到 323 万个，年增长率为 12.3%；国际出口宽带达到 86.6 吉比特/秒，年增长率达到 35.3%。

（2）保障信息安全工作逐步强化。

信息安全的基础设施建设和基础工作取得显著进展，并开始制定实施国家信息安全战略，信息工作机制和安全管理体制进一步发展。信息安全等级保护工作稳步推进，重要信息系统和基础信息网络的安全防护技术不断提升。信息安全风险评估已由试点阶段转为准备实施阶段。网络信任体系和信息保护已启动，且两者均以密码技术为基础，基本形成了信息安全应急处理协调机制，重要信息系统和基础信息网络制订了应急处置预案，信息安全通报机制起到重要作用。进一步完善互联网安全管理，加大对网络赌博、网络欺诈等行为的打击力度。进一步改善信息化基础工作。持续推进信息化法制建设，《中华人民共和国政府信息公开条例》《中华人民共和国电信条例》立法进程加快，《中华人民共和国电子签名法》颁布实施。逐步加强信息技术标准化工作，已在通信、电子商务、软件、信息安全、制造业信息化等多个领域取得成就。

2. 宏观环境的脚本方法识别

运用脚本方法识别 SOC 芯片产业化的一般环境，在运用此方法过程中，本小节对脚本方法稍加改进，不仅将企业自身的因素考虑进去，而且将复杂客户等外部因素加入分析，从而去预测 SOC 芯片产业化出现的不同脚本，并根据不同的脚本设定不同的战略[18]。

SOC 产业化的脚本分析模型如图 3.1 所示。

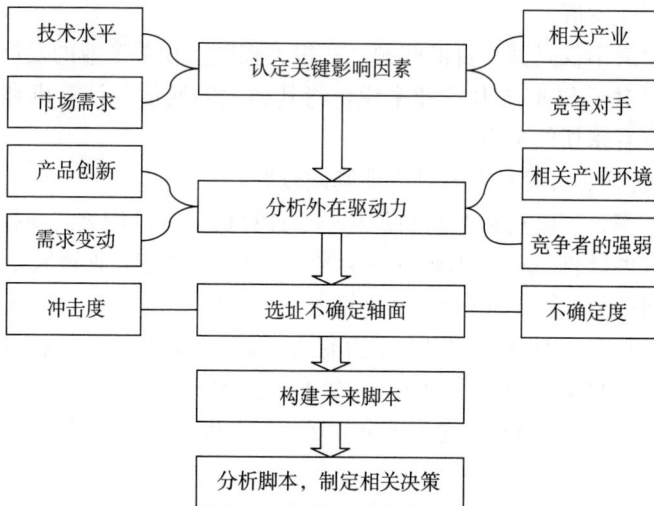

图 3.1　SOC 产业化的脚本分析模型

1）确定变化的重要因素及其重要事件

对于即将推出的新产品——智能移动存储控制 SOC 芯片，应先确定影响

SOC 芯片产业化的各个重要因素，为了让团队参加者摆脱原有观念，向现有的观念挑战，运用头脑风暴法得出变化的重要因素有：政府政策、跨国公司策略、机遇、相关产业发展、产品创新、要素条件、产业集群、市场需求、竞争对手、替代产品。

2）确定的关键因素

通过筛选，将要素减少到四个对未来产业化发展影响最大的要素，即产品创新、市场需求、相关产业、竞争对手，如表 3.9 所示。

表 3.9　未来产业化影响要素

编号	产品创新	市场需求	相关产业	竞争对手
1	技术创新	消费者的喜好	政策行规	价格
2	整合创新	消费者的满意度	基础设施	产品质量
3	应用创新	总体经济形势演变	产品价格变动	营销策略

在确定的关键因素中，重点分析智能移动存储设备 SOC 芯片与其他高新产品的不同之处，它的最大特点就是产品技术上的一个创新和市场需求中的特点。

SOC 芯片技术创新包括以下几点：一是体积小，容量大；二是数据的存取速度快；三是其具有较强的安全性；四是将多种技术整合于一体之中。

SOC 芯片的市场需求广泛，包括一般产品所吸引的大众消费群体与企业，其最大的客户还包括政府、军队及教育行业。

SOC 芯片在政府、军队中的应用：随着技术的发展，高新技术及网络等都是各个国家政权的安全保障，据美国联邦调查局（Federal Bureau of Investigation，FBI）和计算机安全机构（Computer Security Institute，CSI）调查显示，政府机构因重要信息被窃造成的损失超过病毒感染和黑客攻击造成的损失，80％以上的安全威胁来自内部。中国信息安全测评中心的调查结构也表明，敏感数据安全问题主要来自泄密和不法人员犯罪，而非病毒和外来黑客。所以对政府来说国家相关机密与数据的安全问题是头等重要的大事，对具有极好安全保障的智能移动存储设备 SOC 芯片是十分需要的。

SOC 芯片在教育行业中的应用：随着电子化教学方式的普及，移动存储设施在教育行业中的作用也越来越重要，已经成为教师备课、存储资料、布置作业等方面的重要工具，在提高教学质量与丰富教学内容方面起到功不可没的作用。同时，在数字化教育日益普及的今天，病毒的侵入、数据的遗失时时刻刻威胁着数据的安全。SOC 芯片的技术正好能解决数据威胁的问题，SOC 芯片具有相当强大的安全保护措施，不仅可以减少数据遗失的可能性，并且加码解码也十分简单方便。SOC 芯片的超大容量特点也会受到老师们的喜爱，可以将老师们在长期从事的教学过程中的知识、相关材料等存储。作为教师，在选择存储设备时不仅要求产品有着出色的功能，同时也要价格合理，而方正研发的 SOC 芯片正好符合安全环保、超大容量和实惠价钱的特色，使该产品成为教育用户的最佳选择。

同样对于企业的机密数据保存，大众消费者个人隐私的保障，SOC 芯片都给予了极大的安全保障支持。

3) 影响关系因素的度

在确定了 SOC 产业化的关键因素后，要针对关键因素来确定影响其度的标准，将标准化为冲击度和不确定度。

冲击度，是指关键因素的重要程度，冲击度高代表关键因素在决定 SOC 产业化的关键性的影响力量大。

不确定度，即关键因素受到外界环境影响后，未来变化方向和程度的高低。如果不确定度高，则代表这个关键因素很难确定。

影响 SOC 产业化关键因素的冲击度和不确定度矩阵如图 3.2 所示。

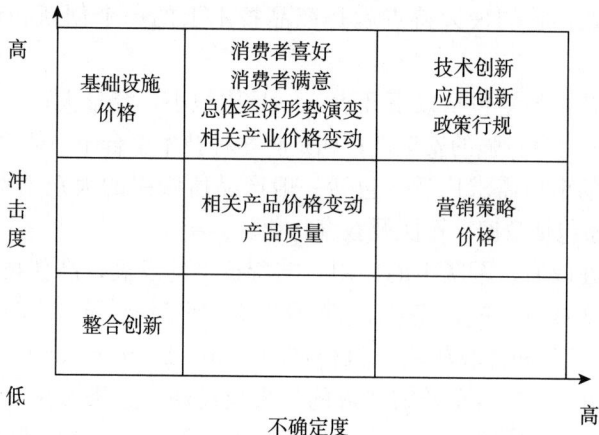

图 3.2　SOC 产业化关键因素的冲击度和不确定度矩阵

选择不同的冲击度和不确定度的目的是要建立候选的脚本，所以，为了最大限度地预测出未来的各个脚本真实性，本章选择了高冲击度高不确定性、高冲击度中不确定度、中冲击度高不确定性三个驱动组群，从而将关键因素划分为三个面。

第一个面是高冲击度高不确定性，将 SOC 产品相关技术发展的变化和创新与相关产业的政策行规划分为一面，定义为技术变动面，即为快速创新和缓慢创新的可能性。

第二个面是高冲击度中不确定度，将消费者对 SOC 的需求变化与总体经济形势演变归为一面，即为需求的高低，称之为需求变动面。

第三个面是中冲击度高不确定性，将竞争对手开发新产品和营销策略归为一面，称之为竞争变动面，即对于 SOC 产业化的竞争力强弱。

4）构建脚本

将三个面，即技术变动面、需求变动面、竞争变动面进行排列组合，会得到八个脚本，如表 3.10 所示。

表 3.10　各种脚本的排列组合表

脚本	三个面			一致性	决策
	技术变动面	需求变动面	竞争变动面		
1	缓慢创新	低需求	竞争力弱	一致	保留
2	缓慢创新	低需求	竞争力强	不一致	删除
3	缓慢创新	高需求	竞争力弱	不一致	删除
4	缓慢创新	高需求	竞争力强	一致	保留
5	快速创新	低需求	竞争力弱	一致	保留
6	快速创新	低需求	竞争力强	不一致	删除
7	快速创新	高需求	竞争力弱	不一致	删除
8	快速创新	高需求	竞争力强	一致	保留

在各种组合中，会因为各项的属性不同从而产生冲突、矛盾、不一致的脚本，这时要依据一致性的原则来将在现实中不能发生的各个脚本删除。把剩下的脚本，依据不同的情景进行预测和制定战略。

根据一致性原则来看脚本 1，若本企业所生产的 SOC 芯片在技术创新方面进步缓慢，且市场的需求度也不高，那么其他企业对需求不高的产品也不会投入过多资金去研发，竞争力度相对较弱，符合一致性要求，应该将这个脚本保留，同理脚本 2 应该删除。脚本 3 中企业的创新缓慢，但是市场需求很大，所以竞争对手会投入大量的资金去研发新产品，从而对本企业来说竞争力度应该是较强的，与竞争力弱是相反的，所以是不一致的，要删除这个脚本，同理脚本 4 要保留。对于脚本 5，企业创新快速，市场需求不是很高，所以竞争对手在面对这样的情景时会转移自己的目标，竞争力弱，所以应该保留脚本 5，同理脚本 6 可以删除。在脚本 7 中，企业创新力快，并且市场的需求量也大，但与竞争对手相比竞争力较弱，所以竞争力是强的，因此，删除脚本 7，保留脚本 8。

5）根据脚本制定战略

通过以上对脚本的筛选，将智能型移动存储控制 SOC 产业化的脚本分为三个类型，即成长缓慢型、技术滞后型、竞争激烈型。

(1)成长缓慢型。SOC 芯片进入市场后，市场需求较低，份额增长率较低，且 SOC 芯片的技术并不能给消费带来所期望的效果，针对这种情况，企业应该深入消费者，通过各种方式来确定消费者所需，加大力度投资开发产品，提高技术，从而生产出消费者中意的产品。

(2)技术滞后型。开发的产品 SOC 芯片进入市场后，发现竞争企业也推出同样功能的产品，并且技术要比本企业的更为先进，且市场需求量较大，产品颇受消费者喜爱，这时企业应该一边加大力度完善 SOC 芯片，加强 SOC 芯片的开发，推出新一代的产品，并且要加强产品的售后服务。

(3)竞争激烈型。企业本身技术成熟，竞争对手技术也成熟，并且 SOC 芯片顺利打开市场，市场增长较快，需求也较高，竞争对手增多，这时企业应该提高 SOC 芯片的质量、改善性能、加强售后维修服务等，从而获得更多的客户；企业还可以将 SOC 产品的功能细分，针对不同的需求设计出不同的功能，细分市场，从而占领市场份额。

3.2.2 竞争环境的波特竞争模型识别

产业竞争环境是企业经营直接面对的外部环境，是企业外部环境分析的重点。运用波特竞争模型来识别 SOC 芯片的竞争环境，波特指出，一般说来，一个产业内部竞争激烈程度及企业的效益水平受到下面五种竞争力量的共同影响[19]，如图 3.3 所示。

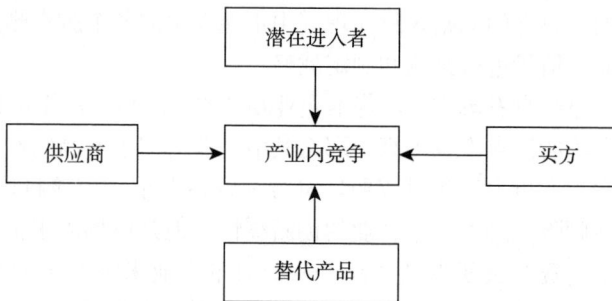

图 3.3　波特的产业结构模型

这是一种剖面式的分析。通过这种分析，可以对一个产业的竞争环境进行结构性的把握。所谓产业，是指一个企业群体，这个企业群体的成员由于其产品(包括有形与无形的)在很大程度上的可相互替代性而处于一种彼此紧密联系的状态，并以此与其他企业群体相区别。下面从波特模型的潜在进入者的威胁、替代产品、买方和卖方的议价实力来具体分析。

1. 潜在进入者的威胁

对于高新技术产品来说潜在进入者要进入该产业会受到多个因素阻碍。从产业外部看，这些阻碍因素构成了制约进入该产业的壁垒，从产业内部看，这些因素是保护产业内的各个企业利益的有效屏障。显然，进入障碍越大，进入的威胁越小，反之则越大。除了障碍因素外，产业的赢利状况、风险情况都能影响潜在进入者。当然最主要的因素还是进入障碍。

构成企业进入 SOC 芯片产业障碍的因素主要有以下几点，即规模经济、差异化、转换成本、技术障碍、销售渠道、政策与法律，现就其中四点进行简要说明。

1）规模经济

规模经济是指单位产品成本随着经营规模的扩大而下降。如果产业内的企业都达到了相当的规模，并通过规模经营获得成本优势，那么规模经济就会成为抵御潜在进入者的制约因素。相反，若是达不到合理的规模，在该产业内的各企业可能无法承受竞争压力。

智能移动存储控制 SOC 芯片是由北大方正集团有限公司研发出来的，对于智能移动存储控制 SOC 芯片来说，方正企业有着很好的基础，可以为智能移动存储控制 SOC 芯片产业化实现规模经济，北大方正企业成立于 1992 年 12 月 12 日，企业注册资本为 100 000 万元。2003 年第三季度台式个人电脑（personal computer，PC）总体销量跻身世界前 10 名，同比增长率连续多年高于业界平均水平两倍以上，连续 6 年保持了 PC 制造领域第 2 名的位置。拥有多项自主知识产权技术的打印机产品排名国内市场占有率前 5 位。其主要产品产量如下：截至 2007 年 12 月 31 日，方正集团主要产品产量包括电子出版物 10 799 套、方正 PC 机 3 448 655 台、方正笔记本 353 642 台、方正打印机 70 985 台。从北大方正的产量和销售成就可以看出，方正企业拥有良好的设施基础和规模经济，企业在开发智能移动存储控制 SOC 芯片方面，同样可以形成自己的规模经济，可以随着 SOC 产业活动的规模增长，SOC 要素成本的增长比例低于规模的增长比例，也就是说 SOC 的生产可以随着扩大规模来降低成本。北大方正集体所产生的规模经济在一定程度上制约了潜在进入者，提高了进入 SOC 产业的难度。

2）差异化

差异化的本质就是产品或服务能对客户的需求形成独特针对性。给客户带来差异化的有企业的品牌、形象、产品质量和性能、服务等，如果一个产业中的企业都具有较高的品牌知名度和良好的形象，并且这些是吸引客户的主要力量，则这个产业就达到了较高水平的差异化。一个产业中若是差异化水平高，则新进入者就必须花费很大的代价来树立自己的形象和扩大品牌的知名度，由差异化导致的产业进入障碍，使进入者不仅要耗费大量的资金成本，还需要大量的时间成本。

现以北大方正为例。在计算机硬件制造方面，方正电脑荣获政府颁发的"中国名牌"和"国家免检产品"称号；在软件开发方面，方正集团在软件领域是中国唯一拥有自主知识产权的品牌。北大方正的企业形象和产品的知名度已经被消费者所接受，并且对于消费者来说，在购买电子产品的时候方正集团的产品会是消费者的首选之一，北大方正良好的企业形象和品牌知名度为智能移动存储控制SOC 进入市场、打开市场奠定了坚实的基础，也为 SOC 产业化形成了一定的差异度。

信息时代，用户对大量信息的大容量、快速、安全、便捷的存储有着迫切的需求。SOC 芯片优良的特性、独特的质量和性能组合，都为 SOC 芯片产业化提供了更高水平的差异化，一旦 SOC 形成产业化，新进入 SOC 产业的企业就要花费大量的资金和时间去形成自己的品牌，同时提高知名度，加大了进入者的困难，提高了进入该产业的门槛。

3）技术障碍

学习曲线是构成技术障碍的一个重要因素。学习曲线是随着时间的推移，单位产品成本下降的产业特性。也就是说随着时间的推移，企业在生产产品的时候会积累经验，因此学习曲线也可以称为经验曲线。学习曲线可以使最早进入某个产业的企业享有特殊的、与规模无关的成本优势，也就是技术障碍，北大方正企业研发的 SOC 芯片是一项新产品，对于 SOC 芯片这个产业来说，方正是最早进入这个产业的企业，所以北大方正享有 SOC 芯片的技术优势，也就为该产业形成了技术障碍。

4）销售渠道

企业可以通过与销售商建立密切的合作关系来阻碍新进入者通向市场的渠道。虽然说这种合作关系本身是不具有排他性的，但是新进入者要建立有效的销售渠道，就必须通过更高的广告费用或是更为优惠的商业回扣等方式来打开与销售商的合作关系，否则就难以开拓市场。北大方正企业早已在电子产品市场上形成了自己的销售渠道，并与销售商有着长期且密切的合作关系，所以对于新研发的智能移动存储控制 SOC 芯片的产业化来说，销售渠道方面有了良好的基础，北大方正在进入该市场的时候会有较小的进入障碍。

分析和识别产业进入障碍的意义在于分析和预测产业所面临的来自产业之外的潜在竞争进入者的威胁，通过以上对 SOC 产业潜在进入者威胁的分析，可以看出北大方正开发的 SOC 具有良好的市场前景，并且对于潜在进入者来说要进入 SOC 产业需要付出大量的资金和时间成本。

2. 替代产品

移动储存设备具有很多的替代品，这些替代品都会为 SOC 芯片带来激烈的竞争。其替代威胁不仅是来自本产业内部的企业，而且还存在来自产业之间的替代，如 MP4、闪存等。对于智能移动存储控制 SOC 芯片的产品替代威胁，从产业内部和产业外部两个方面进行分析。

1）产业内部

在移动存储产业中，竞争是很激烈的，多家企业都在生产移动存储设备，如爱国者、朗科、联想、金士顿、纽曼等，产品的竞争从价格竞争到市场宣传推广竞争。北大方正推出的智能移动存储控制 SOC 芯片也是移动存储设备的一种，是更具有市场潜力和更符合客户需求的设备，它将成为移动存储市场中一个新的替代品，它的市场份额会逐渐增多。SOC 芯片替代全过程的速度会和其他新替代品一样，速度是"慢、快、慢"特点，呈反"S"形。在 SOC 芯片开始进入市场时，替代速度较慢，消费者要对新出现的产品慢慢熟悉；随着多数消费者认识到 SOC 芯片的价值时，就会较快地转而购买 SOC 芯片；在 SOC 芯片替代即将完成时，可以或准备购买替代品的客户人数会明显减少，替代速度降低。最终，在原产品与替代品之间一般会出现平衡状态，即原产品会保留一小部分市场份额。图 3.4 为智能移动存储控制 SOC 芯片的替代过程。

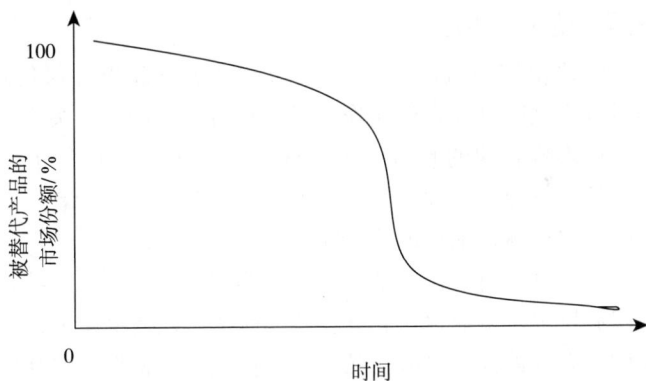

图 3.4　智能移动存储控制 SOC 芯片的替代过程

2）产业外部

产品替代的威胁在很大程度上是来自于产业外部的企业，这些企业可以生产出同样能够满足客户需求的产品。

一方面，全球网络正在向安全、稳定、实用性的发展阶段过渡，未来 5～10 年仍将是网络技术的高速发展时期。在此大环境下，我国网络基础设施及网络服务产业将会加速发展。作为移动存储的替代产品，随着网络的安全性、稳定性和实用性的大大提高，网络存储的兴起将会对移动存储行业的发展产生削弱作用，主要表现为通过网络途径实现数据的传输和保存。是否存在安全而稳定的网络环境成为该替代产品能否实现的关键。

　　另一方面，带移动存储功能的数码娱乐及学习产品的替代。目前，MP3、MP4 等播放机乃至数码学习机等产品都带有移动存储的功能，随着这些产品价格大幅度下降，以及存储容量的不断提升，其对移动存储产品的替代作用越来越明显。同时具备视频播放和存储等功能的硬盘型电子产品发展迅速，受到众多年轻时尚人士的追捧，由于其同样具备大容量的存储功能，而同时又具备了娱乐等综合功能，对移动硬盘市场有一定冲击。

　　市场的发展日新月异，随着技术的发展、差异化竞争形态的展开，越来越多的替代产品出现成为一种必然。移动存储领域的厂商们应及时洞察市场和消费动态，以创新精神不断完善产品性能，专注于发扬移动存储产品本身具备的安全存储特性，同时拓展应用领域，积极应对替代产品的挑战。

　　面对各式各样的能够为消费者带来同样具有存储功能的产品，SOC 芯片被替代的威胁也是巨大的，但是 SOC 本身所具有的其他功能是这些产品所不具有的，智能移动存储控制 SOC 芯片具有容量大、加密功能，是更加专业、更具有最新技术的产品，只要 SOC 芯片找准市场，加大力度做好营销，那么 SOC 芯片面对被该产业外产品替代的威胁将会变小很多，从而形成自己的产业化。

　　3. 买方和卖方的议价实力

　　买方和卖方的议价实力（bargaining power）是买方和卖方讨价还价的能力。企业与顾客和供货方之间既存在着合作，又存在着利益冲突。买方和卖方对交易价格的争斗将直接影响企业的收益水平。SOC 芯片的客户群是十分广泛的，包括政府、军队、教育行业、企业及具有高消费追求时尚的消费者。

　　对于不同的客户群体，他们的议价能力是各有不同的。

　　政府、军队消费群：对于这种消费者，其购买具有以下几个特点：①实体购买，也就是为国家机关、事业单位和社会团体购买，具有稳定的消费团体；②在购买产品的时候具有政策性，采购产品是不是体现个人偏好，要从国家的战略角度出发、遵循国家政策要求优先购买本国的产品；③具有强大的购买影响力，政府购买不同于个人或是企业，它是最大的消费者，其购买力非常巨大。根据以上几个特点，可以分析出政府、军队的议价实力不是很强，其购买产品时并不是以价格为主要的衡量标准，而是更多地从国家角度考虑，方正集团研发的 SOC 芯片是我国高新通用芯片，政府必然会全力支持，所以其议价能力较弱。

　　教育行业消费者：SOC 芯片的推出，同样受到教育者的喜爱，随着电子化教学方式的普及，移动存储设施在教育行业中的作用也越来越重要，已经成为教师备课、存储资料、布置作业等方面的重要工具，在提高教学质量与丰富教学内容方面起到功不可没的作用。同时在数字化教育日益普及的今天，病毒的侵入、数据的遗失都时时刻刻威胁着数据的安全。SOC 芯片的技术能解决数据威胁的问题，SOC 芯片具有相当强大的安全保护措施，不仅可以减少数据遗失的可能性，并且加码解码也比较简单方便。SOC 芯片可以将老师们长期从事教学过程中积累的知识、相关材料等存储。作为教师，在选择存储设备时不仅要求产品有着出色的功能，同时也要价格合理，而方正研发的 SOC 芯片符合安全环保、超大容量和实惠价钱的特色，使该产品成为教育用户的最佳选择。所以在教育行业消费者中，会更多地考虑 SOC 芯片的性价比等，所以其议价能力较强。

企业：在竞争如此激烈的市场中，商业间谍是企业防不胜防的，也是企业尤为苦恼的问题，数据的安全性和公司信息资源的安全与保密工作是企业的核心问题，SOC 芯片具有高科技的加密系统，能够安全保障数据等重要信息不被人窃取或是损毁，是符合企业需求的。企业在购买 SOC 芯片时考虑较多的是其功能特点，其次是其价格的特点，所以企业在对于 SOC 芯片采购上的议价能力一般。

普通消费者：SOC 芯片产业化必须推向大众客户，但是对于一般的大众客户来说，产品的价格会是重要的考虑因素，所以其议价能力强；但是对于那些追求时尚、看重个人隐私的消费者来说，外观的时尚性和功能的特色才是他们首先考虑的因素，对于这类消费者，其议价能力一般。

综上所述，SOC 芯片产品由于其本身的特点，其消费群中的政府、教育行业等都是重要的消费群体，他们的议价能力不是很强，所以对于 SOC 芯片的产业化中，买方的议价能力不是阻碍因素，但如果要扩大其消费群体、争取更多的大众消费者，就要考虑好价格的定位问题。

4. 产业内部竞争

1）市场竞争境况

在移动存储产业中，竞争主要在爱国者、朗科、联想、金士顿、纽曼等一二线品牌之间展开，行业的竞争从以往的市场推广竞争、价格竞争向厂商间全方位的竞争演化。目前，爱国者、朗科、联想、金士顿、纽曼占据第一阵营，成为移动存储领域的领导企业，综合优势比较明显；而威刚、Sandisk、Kingmax 等厂商以各自不同的优势对一线品牌造成一定的威胁，是移动存储领域的生力军。表 3.11 和表 3.12 揭示了 2009 年我国移动硬盘市场和闪存市场品牌竞争结构。

表 3.11　2009 年我国移动硬盘市场品牌竞争结构

排名	品牌	销量/万片	销量市场份额/%
1	联想	62.61	23.60
2	爱国者	57.57	21.70
3	纽曼	38.20	14.40
4	旅之星	30.51	11.50

排名	品牌	销量/万片	销量市场份额/%
5	明基	23.61	8.90
	其他	52.80	19.90
	总计	265.30	100.00

表 3.12   2009 年我国闪存市场品牌竞争结构

排名	品牌	销量/万片	销量市场份额/%
1	爱国者	294.86	24.50
2	联想	251.53	20.90
3	朗科	197.37	16.40
4	金士顿	93.87	7.80
5	纽曼	66.19	5.50
	其他	299.68	24.90
	总计	1 203.50	100.00

2)国内竞争厂家分析

对于北大方正来说国内最具有竞争力的对手是联想和华旗资讯两家企业。

第一，对于联想的分析。

2009 年，联想在移动存储领域获得了飞跃式的发展。在移动硬盘领域，以 62.61 万片的销量取得市场第一的位置，市场同比增长率高达 713.13%。在闪存盘领域，以 251.53 万片的销量位列第二。

联想移动存储在技术、产品、服务等方面全面实现奥运品质，以奥运为契机，不断加大对市场的投入，并结合各种市场手段，推行市场普及风暴。另外，联想推出 NBA 移动存储产品，进一步壮大了联想移动硬盘的声势。值得一提的是，借助 PC 背景优势，联想加大了在行业捆绑销售方面的力度，这也是迅速提高联想市场占有率的重要方法之一。

第二，对于华旗资讯的分析。

2009 年，华旗资讯在闪存盘市场保持市场第一的份额，在移动硬盘市场位列第二。在闪存盘市场销量为 294.86 万片，占据市场 24.50% 的份额；在移动硬盘市场销量为 57.57 万片，占据市场 21.70% 的份额。专业领先的技术优势、专注的研发精神、良好的行业客户资源和渠道资源是华旗资讯多年来在移动存储市场遥遥领先的主要优势。

这两家企业均在移动存储控制设备上具有优秀的专业技术和良好的市场形

象，联想和华旗资讯生产的移动存储设备会给智能移动存储控制 SOC 芯片带来较大的替代威胁。

3) 产品功能竞争分析

就安全存储方面来看，在目前的国内市场，移动存储设备的加密有两种方式，即软件加密和硬件加密。软件加密是通过在移动存储设备中植入一些加密软件来实现的，这种加密方式的缺点是容易被破译。所以，如何采用硬件的方式进行加密，是专业级加密产品的核心。

目前市场上比较成熟的硬件加密技术有两种，一种是许多厂商都在使用的指纹加密技术。这种技术利用人类天然的唯一性识别器官指纹作为加密设备识别码，具有很高的安全性。

另一种技术是芯片加密，如美国矽霸电子(百事灵)的宙斯盾加密产品。其独特的加密技术是采用一块特殊的智能物理加密芯片将三层数据加密标准(data encryption standard，DES)加密技术移植到百事灵移动硬盘上，从物理层面实现对硬盘数据的逐位加密。当用户使用移动硬盘时，数据加密及数据传输同步进行，加密速度快，不占用系统资源，且更为安全，而且可以通过一把电子钥匙进行一对一、一对多的分组加密，实现了数据的"模块化"管理，兼顾了高端客户对海量数据高速存储与数据安全的双重需求。

随着国内安全意识的提高，估计在不久的将来，市场对安全移动存储的需求将保持高速增长。研发出的 SOC 芯片的一大优点就是具有加密功能，但是华旗资讯、中科存储及朗科等同样在研发具有加密功能的移动存储设备，在一定程度上给 SOC 芯片带来了替代的威胁性。

3.3　SOC 芯片产业化的内部环境识别

3.3.1　产业化资源识别

产业化资源识别是从全局来把握产业资源在量、质结构和分配、组合方面的情况，它形成产业的经营结构，也是构成产业实力的物质基础。产业资源的现状和变化趋势是制定总体战略和实现产业化的制约条件[20]。因为一个产业中能投入其产业化实现过程的资源是有限的。这种有限性是双重的，第一，外部能提供的资源是有限的，这种能力除了资金的限制外，还与供应渠道等其他要素有关。所以，在产业化管理中的资源分析，一是要对产业现有资源的状况和变化趋势进行分析，二是要对战略期中应增加哪些资源进行预测。

在进行产业资源识别的时候，需要特别强调的是产业的无形资源，如专利权、人力资源等。产业有效创造竞争力源泉，实现产业化，在很大程度上取决于这些资源。另外，在进行产业资源识别的时候，除了要对各资源要素进行分析外，还应考察其配置、组合是否合理，以真实地确定差距和利用潜力。

1) SOC 芯片产业化竞争资源价值识别

不同的产业拥有的资源是不一样的，产业间资源的差异可以很好地解释为什么有的产业能够在竞争中获得更大的利润、取得更大的成功。如果一个产业所拥有的资源不但充足而且恰到好处，特别是，如果产业拥有的强势、资产、能力和成就有着产生竞争优势潜力的话，那么该产业在形成产业化时取得成功的把握性就越大。

对于 SOC 芯片产业来说，它的资源——不管它是一项特异能力、资产（有形、人力、组织、无形）、成就，还是一项竞争能力——如果要成为持久的竞争优势的话，必须通过以下四项竞争价值的测试。

(1) 这项资源是否容易被复制？一项资源的模仿成本和难度越大，它的潜在竞争价值就越大。难于复制的资源往往限制竞争，从而使资源所带来的利润具有持久性。SOC 芯片产业的资源不能够轻易被复制，表现在 SOC 芯片是国家的重点科技项目之一，且具有专利权的保护，所以其他产业如果复制其资源存在着很大的困难，并且 SOC 芯片是由北大方正集团研发的，北大方正是品牌企业，对技术有着精湛的掌握，并且国家给予了 SOC 芯片研发的大量资金支持，所以 SOC 芯片产业的资源是难以被复制的。

(2) 这项资源能持续多久？一项资源持续的时间越长，它的价值就越大。有些资源很快就会丧失其竞争价值，那是因为技术或行业的环境在快速地发生变化。SOC 芯片产业的资源具有持续性，它是将已有的产品与最新市场需求相结合，加入新的技术从而研发出的新的智能移动存储设备，并且是一个不断更新、不断满足消费者需求的产品，所以其资源有着持续性。

(3) 这项资源是否真正在竞争中有上乘的价值？所有的产业都必须防止盲目地相信其核心竞争能力或特异能力会比其他产业竞争对手更有力量。SOC 芯片是符合消费者需求的产品，其具有强大的上乘价值，其本身的创新技术和符合大众最新需求的特点就是其具有比其他产业更有力的力量。

(4) 这项资源是否可以被竞争对手的其他资源/能力所抵消，即本产业资源的可替代性如何？一般来说，不可替代的资源对顾客来说有更大的价值，因而有形成产业化的优势。SOC 芯片虽然具有不能被复制且长久的资源优势，但是其他产业，如 MP3、闪存等产业的产品所具有的部分功能可以与之等同，也就是说 SOC 芯片能被竞争产业的能力抵消，所以对于 SOC 芯片产业化来说，应该加强其不可替代性。

2)SOC 芯片产业化核心资源价值识别

能够非常出色地开展某项有着重要竞争意义的活动是一个产业所拥有的一项最有价值的资源。产业能够比其他活动做得更好并且有着重要竞争意义的内部资源被称为核心竞争资源。核心竞争资源与资源的区别在于：核心竞争资源对产业的竞争力和盈利能力起着至关重要的作用。产业的核心竞争资源可能是完成其产业化所需要的优秀资源。

SOC 芯片产业化的核心竞争资源就是其技术诀窍的范围和深度，以及一系列技能的组合。这些不同部分有效组合形成的符合大众需求的产品，不同功能的资源组合在一起就形成了 SOC 芯片产业化的核心资源。

简而言之，核心竞争资源使 SOC 芯片产业形成产业化具有更大、更强的优势，从而成为一种真正的产业强势和资源。

3.3.2　产业化能力识别

产业化能力分析主要包括如下一些内容[21]。

1)产业化资源能力识别

供应能力的强弱将影响产业化的产生、发展、扩大及产业化实现的速度，甚至产业的生存。产业获取资源的能力，直接决定着产业战略的制定和实施。产业资源供应能力包括从外部获取资源的能力和从内部积蓄资源的能力。

产业从外部获取资源的能力取决于以下要素：①产业所处的一般环境；②产业所处的竞争环境。具体内容已在 3.2 节详细叙述。

产业内部积蓄资源的能力涉及整体能力和绩效，但内部资源的配置和利用则是最基本、最主要的。产业内部资源的蓄积包括有形资源和无形资源，它们形成产业在市场上占据优势、实现产业化的巨大优势能力。分析产业内部资源的蓄积能力可以从以下几个方面入手：①规模增长分析；②产业中的后向一体化能力和必要性；③专利、商誉分析等。

在 SOC 芯片产业化的能力识别中，重点在本小节分析其内部的能力识别。

(1)规模增长。SOC 芯片是智能移动存储设备，其具有移动硬盘的功能，且移动硬盘产业正处于其产业周期中的成熟期，其市场增长率与需求都保持着稳定的发展趋势，对于具有巨大容量存储功能的 SOC 芯片来说，本身就具有一定的市场规模，不仅如此，SOC 芯片又具备着更加完善、更符合大众消费群体所需要的功能，所以它的产业市场是会不断扩大的，其产业化的规模也会随着产品推出而逐渐提升自己的规模。

(2)在 SOC 芯片产业化中，不仅是具有先进的科技作为最终的研发支持，其后向一体化的能力也是有着科技支持的，SOC 芯片不仅是一个移动存储设备，它还可以应用于我们日常生活中的各种电子产品中，如 PC 机，所以 SOC 芯片产业有后向一体化的能力。

(3)SOC 芯片产业化中的突出能力是，其是国家的重点科研项目之一，研发出的 SOC 芯片具有专利权。

2)生产能力识别

生产是一个产业中进行资源转换的中心环节，它必须在数量、质量、成本和时间等方面符合要求的条件下形成有竞争性的生产能力。但是 SOC 芯片产业中其创新生产能力更会是具有竞争性的能力之一，去识别创新生产能力要比单纯的识别生产能力对 SOC 芯片产业化更有意义，这是因为 SOC 芯片是高新技术产业，其创新性是保持市场、获取消费者的重要筹码之一。SOC 芯片的创新生产主要体现在三个方面，即技术创新、整合创新与应用创新。技术创新是指：①产品的设计基于自主设计的北大众志 32 位高性能中央处理器(central processing unit，CPU)、高集成度的 SOC 设计。②基于北大众志 SOC 的高集成度主板。整合创新是指：①易用、具有多功能多接口的高集成智能移动硬盘。②超小体积的整合智能移动硬盘，包括硬加密、网络传输等功能。③工业设计方面的创新，传统个人移动硬盘产品形态的突破。应用创新是指：①绑定网络传输、数据安全、内部集成 NAND FLASH 控制器，使多种功能集成一起，满足不同层次对信息安全有较高要求的单位使用。②软件创新领域，自主开发了安全之星移动硬盘管理软件。只有在生产上、产品设计上有了突破与创新，才能使 SOC 芯片获取更大的市场份额、开发出大量的客户群体，从而实现产业化。

3)营销能力识别

一个产业是否可以实现产业化，应对整个产业的营销能力进行识别，从战略角度识别的营销能力，主要包括三方面的内容：一是该产品市场定位的能力；二是营销组合的有效性；三是管理能力。市场定位的能力直接表现为产品定位的准确性。它又取决于生产产品的企业在以下四个方面的能力：①市场调查和研究的能力；②把握市场细分标准的能力；③评价和确定目标市场的能力；④占据和保持市场位置的能力。

在 SOC 芯片产业中，其主要的生产企业是北大方正集团，对于知名企业方正集团来说，其具有强大的营销能力，对于 SOC 芯片的市场调查与研究都拥有雄厚的实力，经过方正集团的市场调查。

(1)当前的市场规模。移动存储设备由于其自身的特点，目前已经成为个人及行业数据备份和外部数据存储的首选存储介质。越来越多的用户，特别是一些商务人士、企业级用户、政府部门，选择移动存储设备来备份和存储重要数据。然而，由于移动存储设备没有对其存储的数据进行任何的保护，一旦设备丢失或被非法访问者持有，将会造成数据的泄漏，威胁信息的安全性。因此，如何保证移动存储设备中数据的安全性，成为用户越来越关注的焦点。信息安全包括传输安全、系统安全和存储安全。现在信息安全的热点集中在传输安全和系统安全，存储安全仍处于非常薄弱的环节。存储安全是安全事件的高发区，应引起高度重视。

(2)市场的年平均增长率。近年来，移动存储市场保持着平稳增长的趋势，从产品的销售量和销售额两个方面看，由于市场需求量的增大和产品售价的回落，销售量的年平均增长率略高于产品销售额增长率。毋庸置疑，随着电脑及数码产品的发展，行业用户和个人用户对于移动存储产品的需求量逐年增加，随之带来的是产品销售量逐年放大。但由于技术成熟和产品成本降低，移动存储产品价格出现波动，总体价格趋势不断走低。2007 年，移动存储产品容量迅速升级，产品价格持续走低。闪存盘市场由于芯片价格波动，有一定幅度的波动，2007~2009 年，闪存盘销售量的年平均增长率达到 26.60%，而销售额的年平均增长率只有 16.60%。移动硬盘由于盘芯价格稳定下降，一直保持平稳的走低趋势，波动不大，2007~2009 年移动硬盘销售量的年平均增长率达到 55.80%，销售额的年平均增长率为 42.30%。由此得出结论，移动存储产品的市场逐年放大，产品销售量的增长率略高于产品销售额增长率。另外，移动存储产品价格下降大大提高了产品的性价比，为消费者所接受，整体市场价格持续走低和容量的迅速升级顺应市场发展的需要，拉动市场规模的放量增长，从另一角度推动了市场的发展。

方正集团对 SOC 芯片准确的市场定位为 SOC 芯片实现产业化铺平了道路，SOC 芯片的研发主要针对行业用户和个人用户，主要体现在以下三个方面：①带数据保护功能的数据存储中心；②桌面级安全存储系统；③移动加密硬盘。

4)科研与开发能力识别

科研与开发能力是 SOC 芯片产业化的一项十分重要的能力，科研与开发能力分析主要包括以下几个方面。

(1)科研成果与开发成果分析。SOC 芯片产业使现有移动硬盘产业已有的科研与开发成果更加完善，如技术改造、专利及商品化的程度，以及所带来的经济效益等。

(2)科研与开发组合分析。科研与开发在科学技术水平方面有四个层次，即科学发现、新产品开发、老产品的改进、设备工艺的技术改造。一个产品的科研与开发水平处于哪个层次或哪个层次的组合，决定着该产业在科研、开发方面的长处和短处，也决定着产业实现产业化的方向。

(3)科研与开发能力分析。产品科技队伍的现状和变化趋势从根本上决定着整个产业的科研开发能力和水平。分析科研队伍的现状和趋势就是要了解他们是否有能力根据市场的发展需要开发和研制新产品，是否有能力改进生产设备的生产工艺。如果没有这样的人员，是否能在短期内找到这样的人才。否则就要考虑和高等院校或科研单位合作，以解决技术开发和技术改造的问题。SOC 芯片的研发是依托北大方正集团的，作为生产 IT 产品的知名企业，其拥有着大批的 IT 人才，所以 SOC 芯片产业的研发有着巨大的优势。

3.3.3　产业化价值链识别

1985 年哈佛商学院教授迈克尔·波特（Michael Porter）在《竞争优势》（*Competitive Advantage*）一书中提出价值链概念。他认为，"所有企业都是在设计、生产、发送、销售和辅助其产品的过程中进行各种活动的集合体。用一个价值链就可以来表明所有这些活动"。也是指一个企业的价值链或内部价值链。产业链是来自于产业经济学中的一个概念，是各个产业部门之间基于一定的技术经济关联，并依据特定的时空布局关系和逻辑关系形成的链条式的关联关系形态[22]。

1. 产业价值链概述

依照迈克尔·波特的理念，任意企业都是产业链中的某一环节，一个企业要维持和赢得竞争优势不但取决于其内部价值链，更取决于一个更大的价值系统（即产业价值链），换句话说，是一个企业的价值链同其顾客价值链、供应商及销售商之间的联接。产业价值链（industrial value chain）就是企业间的这种价值链关系，对应于波特的价值链定义，仅从价值的角度来分析研究在产业链中、在企业竞争中所进行的一系列经济活动。

要实现产业化 SOC 芯片，必须先形成自己的产业价值链，其价值链就是方正集团与其供应商、销售商及客户之间所形成的一个连接，在这个链条上所发生的一系列相关经济活动。

2. SOC 产业价值链的特征识别

1）增值性

在前面价值产品的基础上形成的后面价值增值环节，进一步推向新的客户，产出新的价值产品。然而，这并不意味着在后面能够实现前面环节投入的价值量，若是有价值增值瓶颈，那么将会损失掉价值链上一部分投入的价值，从而无法实现增值。

在 SOC 芯片产业中同样存在着增值性，SOC 芯片可以应用于各种电子产品中，如移动硬盘、PC 机等，企业可将 SOC 芯片通过科技创新与组合使其生产出新的价值来，从而扩大 SOC 芯片的应用面与客户群体，从而形成产业。

2）整体性

组成产业价值链的各个部分是一个有机的整体，它们相互制约、相互联动、相互依存，大量的同类企业构成各个环节，上游环节（产业）和下游环节（产业）之间存在着大量的信息、资金、物质方面的交换关系，是一个递增的价值过程。同时相互交织的产业价值链之间，往往呈现出网络结构是多层次的。在新的竞争环境下，产业中的竞争不但表现为每个企业之间的竞争，更表现为不同产业链之间的竞争，一个企业集群同另一个企业集群之间的竞争，更可以是国与国企业之间的相互竞争。

在 SOC 芯片产业价值链中，其各个环节是一个有机整体，但是不同于一般产业价值链的地方是，其研发企业只有北大方正企业一家，但是在销售环节与客户环节都有大量的企业，尤其是客户环节，产业所面对的不仅是大众消费群体与企业，还有政府、军队、教育行业、金融行业等，在整个产业的下游环节和上游环节之间都存在着大量的资金流、物流、信息的交换，整个链条是价值递增的。

3) 层次性

产业价值链的每个环节存在着盈利水平的差异性与增加值。产业价值链的每个环节对要素条件的需求存在差异性。不同的环节，对于人力、技术、规模、资本等有不同的要求，因此具有不同的区位偏好。

在 SOC 芯片产业价值链中，对于不同的环节同样有着不同的规模、技术、地域的要求，整个价值链具有层次性。例如，包装和装配环节是劳动密集型环节，需要的只是普通劳动力，主要集中在劳动力丰富而又低廉的地区；技术密集性环节(设计环节)，注重的是高层工程人才、技术和科技，主要集中在北京的方正集团总部；而芯片制作环节是资本密集性环节，注重的是规模与洁净的环境等，往往集中在环境适宜且技术先进的地区。

4) 循环性

实现 SOC 芯片产业的价值增值的过程是一个不断循环的过程，这对于持续经营、参与价值链的北大方正企业具有重要的意义，因为实现最大企业长期化价值比短期价值的实现有更重要的意义。若无法有效实现这条产业价值链的循环，则此产业价值链就会面临"灭亡"的境地。所以 SOC 芯片若要不断扩大市场份额、获取更多消费者、扩大产业化规模，就应该使 SOC 芯片产业价值链不断增值，使其整个成为一个循环的过程。

3. 识别 SOC 芯片产业化价值链

在任意产业环境中，各种产业之间相互区别、相互依赖、相互关联，一种产业的存在成为另一种产业发展的结果或前提，每一个产业只是产业系统中的一个片段或一个环节，产业链就是由各个片段或环节联成一体。识别 SOC 芯片产业价值链中的各个价值活动，是形成具有自身特色的价值链的关键，也是产业化能够长久持续的关键。

(1)分析 SOC 芯片产业价值链中的主体活动。主体活动一般可细分为以下五种活动。

第一，供应 SOC 芯片原料，是指与产品的投入品的仓储、进货和分配有关的活动，如原材料的入库、盘存、运输装卸及退货等。

第二，研发生产 SOC 芯片，是指将投入转换成最终产品的活动，如整合产品、研发设计、设备检测及维修等。

第三，储运 SOC 芯片成品，是指与产品对购买者的分送以及产品库存有关的活动，如最终产品的接受订单、入库、送货等。

第四，市场营销，是指引导和促进购买者购买 SOC 芯片的活动，如定价、广告、销售渠道等。

第五，售后服务，是指为了提高或保持 SOC 芯片价值的相关活动，如培训员工、产品的调试、维修等。

(2)分析 SOC 芯片产业链中的支持活动。在任何行业里，支持活动一般可以分为三种活动。

首先是采购环节，是指企业采购所需投入品的环节，并不是被采购的投入品本身。这里的采购是广义的，既包括 SOC 芯片原材料的采购，也包括管理其他资源投入。例如，北大方正企业聘请咨询公司为企业进行市场预测、广告策划、法律咨询管理信息系统设计等都属于采购管理。

其次是技术开发环节，是 SOC 芯片产业中的重要活动之一，SOC 芯片是高新技术产品，其最主要的依靠就是技术的研发，SOC 芯片采取国产 CPU 技术和指令集，自主完成产品的主板设计，委托国内有实力的设计厂商完成产品外观、结构和模具的设计，自行开发硬盘管理应用软件，采取第三方采购的方式采购移动硬盘中非关键零部件，设计出高性价比的智能移动存储方案，提供功能全面的移动安全存储产品。

最后是产业中人才的招聘、雇用、培训、提拔等各项活动，就是人力资源环节，这些活动支持着产业中各个企业每项支持活动和主体活动，甚至整个价值链。在调动职工研发积极性方面人力资源环节起着重要作用，影响着整个产业的发展。SOC 芯片产业中研发的主体企业是北大方正集团，目前集团 IT 业员工达 2 433 人，本科及以上学历占 64%(不含生产工人)，其中工程技术和系统研发人员有 1 765 人。方正集团拥有国家级企业技术中心，自主研发能力强。有着较大规模的科研场地和先进的科研设备，专职从事软件开发的科研人员 50% 以上获得硕士及以上学位，所以在人力资源环节方面 SOC 芯片产业有着雄厚的实力与资源。

4. SOC 芯片产业价值活动的类型

在每类支持活动和主体活动中，主要包括三种活动类型，且于各自竞争实力中起着不同的作用。

(1)SOC 芯片直接活动。这是指直接创造价值的活动，如 SOC 芯片的产品研发、广告、质量检测等活动。

（2）SOC 芯片间接活动。这是指作用在直接活动之上，使之继续进行的活动，如研究开发管理、销售管理、维修等活动。

（3）质量保证活动。这是指确保其他活动质量的活动，如指导、监督、调试、检验、测试等活动。

直接活动、间接活动和质量保证活动在每个产业中都存在着。这三种活动类型不仅存在于产业的各个支持活动中，也存在于主体活动中。然而在实际生产经营活动中，直接活动和间接活动常常被企业管理人员混为一谈。实际上，两者之间在经济含义方面有很大的差别。在许多产业中，间接活动在总成本中占有很大的比重并通过直接活动发生作用。同时，间接活动也在产品差别化方面起着重要作用。同样，间接活动在企业的每项活动的质量保证中也发生作用，影响着其他活动的效能或成本。

3.4　SOC 芯片产业化的 SWOT 分析

本节运用 SWOT 分析的主要目的是，基于复杂客户网络的基础综合分析 SOC 芯片产业化，以识别各种优势、劣势、机会和威胁因素，有利于开拓思路，正确地制定企业战略。SWOT 分析是把 SOC 芯片产业内外环境所形成的机会（opportunities）、威胁（threats）、优势（strengths）、劣势（weaknesses）四个方面的情况结合起来进行分析，以寻找制定适合本产业实际情况的战略和策略的方法。

对 SOC 芯片产业化进行 SWOT 分析的具体步骤如下。

1. 分析产业的优势和劣势以及可能的机会与威胁

产业化内部优势（S），是指一个企业超越其竞争对手的能力，或者是指公司所特有的能提高公司竞争力的东西。竞争优势可以是以下几个方面。

（1）技术技能优势。其主要包括独特的生产技术、低成本生产方法、领先的革新能力、雄厚的技术实力、完善的质量控制体系、丰富的营销经验、上乘的客户服务、卓越的大规模采购技能等。在 SOC 芯片产业中其技术是有着绝对优势的，它是基于国产新一代移动存储 SOC 控制芯片的智能移动存储终端产品的经过验证的成熟原理方案，开发出 2～3 款智能加密移动硬盘并形成产业化能力。产品开发过程中将进行终端产品的结构外观设计、主板的设计和应用软件的开发。所开发的智能移动硬盘采取国产 CPU 技术和指令集，自主完成产品的主板设计，委托国内有实力的设计厂商完成产品外观、结构和模具的设计，自行开发硬盘管理应用软件，采取第三方采购的方式采购移动硬盘中非关键零部件，设计出高性价比的智能移动存储方案，提供功能全面的移动安全存储产品。

（2）有形资产优势。SOC 芯片生产有着先进的生产流水线、现代化车间和设备、丰富的自然资源储存、吸引人的不动产地点、充足的资金、完备的资料信息。

（3）无形资产优势。SOC 芯片是北大方正自主研发的高新技术产品，北大方正有优秀的品牌形象、良好的商业信用、积极进取的公司文化，在计算机硬件制造方面，方正电脑荣获政府颁发的"中国名牌"和"国家免检产品"称号，集团在 IT 硬件领域的发展策略不仅局限于扩大 PC 制造规模，而且适时向产业链的高附加值环节延伸。目前方正的 IT 硬件已基本形成了 PC、多层线路板、芯片的产业架构。连续六年保持 PC 制造领域第二名。拥有多项自主知识产权技术的打印机产品排名国内市场占有率前五位。在软件开发方面，方正集团在软件领域是中国唯一拥有自主知识产权的品牌。

（4）人力资源优势。SOC 芯片研发人员都是拥有关键领域专长、积极上进的职员，且有很强的组织学习能力、丰富的经验。

产业化内部劣势（W），是指某种产业缺少或做得不好的东西，或者是指某种会使产业处于劣势的条件。可能导致内部劣势的因素主要有以下几点。

（1）缺乏后期技术支持。SOC 芯片注重前期的研发，但是对于后期的技术支持研发投入力度较小，并没有形成相关的后期技术支持战略，所以对于 SOC 芯片产业来说这是一个劣势。

（2）被模仿能力。SOC 芯片虽然具有最新的科技水平，但是缺乏不能被他人模仿的能力。很多现有的电子产品具备了 SOC 芯片的部分功能，对于 SOC 芯片产业来说，被模仿能力是其一个劣势。

SOC 芯片产业的潜在机会（O），市场机会是影响产业化的重大因素。在 SOC 芯片产业中潜在的发展机会可能包括以下几点。

（1）政策支持。政府为 SOC 芯片产业化提供基本的制度框架，其中包括有效的市场交易规则和产权结构，政府的强制力量与权威可以充当规则的裁判者与制定者。

（2）相关法律。SOC 芯片产业是自主知识产权成果产业，对于自主创新产业，1999 年中共中央、国务院发布了《中共中央、国务院关于加强技术创新、发展高科技、实现产业化的决定》，提出加强对技术创新和高科技成果商品化、产业化的方向和重点的宏观引导。在充分运用市场机制的基础上，正确发挥政府的宏观调控作用，统筹规划，突出重点，在我国有优势、产业关联度大、市场前景好以及有利于解决国民经济重点、难点问题的技术和产业化领域，优选一批重大项目，集中力量，协同攻关，取得突破，并在之后制定了一系列的相关法律：《中华人民共和国促进科技成果转化法》《中华人民共和国政府采购法》《关于以高技术成果出资入股有关问题的通知》《关于设立外商投资创业投资企业的暂行规定》《关于国有高新技术企业开展股权激励试点工作的指导意见》等法律和政策性文件中,对科技成果转化和产业化的投资问题,都做出了明确的规定。

(3)市场规模。SOC 芯片在一定的时间内,能够合理地取得最大的销售量,其具有较大的市场规模。据方正企业调查表示,在我国移动硬盘市场上,DIY 组装依然占据主导甚至是垄断地位,而以联想、希捷、易捷、爱国者为代表的原装品牌仅占一小部分,但是随着时间的推移,DIY 品质差、做工粗糙、售后无保障、安全有缺陷等缺点不断爆发,消费者对原装优势与安全意识也进一步提高。因此,原装高品质、高服务、高价值和高性价比的展现,将进一步提升原装移动硬盘市场比例,即将推出市场的 SOC 芯片有着巨大的市场潜力。

(4)复杂客户。SOC 芯片的市场与其他高新技术产品的市场不同,其客户范围是更为广泛的,客户之间的关系是较为复杂的,SOC 芯片主要的客户群体有政府、军队、教育机构、金融机构、各大企业及普通的消费者。在这些客户中政府、军队是推动 SOC 芯片实现产业化的主要力量,是复杂客户网络中具有较大度值的节点,对其他节点企业、教育机构及个人消费者都有着较为深远的影响。在 SOC 芯片产业化的过程中,要运用"技术扩散"去促进,从而达到产业化,也就是说在现实经济活动中,通过政府、军队使用 SOC 芯片带来效果示范,从示范中显示出 SOC 芯片的优越性去带动其他消费机构或是大众消费者,在这个过程中,政府起着重要的作用。

危及 SOC 芯片产业化的外部威胁(T),在 SOC 芯片产业的外部环境中,总是存在某些对产业的盈利能力构成威胁的因素。SOC 芯片产业化的外部威胁可能包括以下几点。

(1)出现将进入市场的强大的新竞争对手。目前在市场上,除了以爱国者、朗科、联想等为代表的综合优势较为明显的一线企业以外,还有诸如威刚 Sandisk、Kingmax 等一批具有独特优势的后起之秀。所以对于 SOC 芯片产业化来说,这些已有的竞争对手也在加大力度研发类似于 SOC 芯片的新产品,这无疑会加大 SOC 芯片产业化的威胁。

(2)替代品抢占市场份额。在我国目前的市场上,移动硬盘存在着替代品,如闪存(U 盘)和储存卡,另外一些电子产品也具有存储的功能,如手机、MP3、MP4 等,这些替代品的出现都将会抢占 SOC 芯片的市场份额,是其形成产业化的威胁之一。

2. 优势、劣势与机会、威胁相组合,形成 SO、ST、WO、WT 策略[23]

SWOT 分析可以作为选择和制定战略的方法,因为它提供了四种战略,即 SO 战略、WO 战略、ST 战略、WT 战略,如表 3.13 所示。

表 3.13　SOC 芯片产业化的 SWOT 分析图

SWO 分析	内部优势(S) (1)技术技能优势 (2)有形资产优势 (3)无形资产优势 (4)人力资源优势	内部劣势(W) (1)缺乏后期技术支持 (2)被模仿能力
外部机会(O)	SO 战略	WO 战略
(1)政策支持 (2)相关法律 (3)市场规模 (4)复杂客户	依靠内部优势 利用外部机会	利用外部机会 克服内部劣势
外部威胁(T)	ST 战略	WT 战略
(1)新竞争对手 (2)替代品	依靠内部优势 回避外部威胁	减少内部劣势 回避外部威胁

　　SO 战略就是依靠内部优势去抓住外部机会的战略。在 SOC 芯片产业化中，其主要的产业内部优势就是技术优势、方正企业的品牌优势与其雄厚的资金、IT 人才的优势，依靠这些优势，在借助产业外部的国家政策、强大的市场规模，与复杂的客户群体，可以将 SOC 芯片打入市场，占据市场份额，扩大消费群体，从而实现产业化。

　　WO 战略是利用外部机会来改进内部弱点的战略。在 SOC 芯片产业中，可以依靠国家对 SOC 芯片的专利权与自主创新产业的相关法律等，去提高 SOC 芯片的被模仿能力，使其能够长期保持自己的特色，不被其他产品所模仿；SOC 芯片的外部机会是有着复杂的客户网络，将会有大量不同行业的客户去购买 SOC 芯片，这就要求 SOC 芯片加大其后期技术支持，从而督促 SOC 芯片在后期技术中投入更多的精力。

　　ST 战略就是利用产业的优势，去避免或减轻外部威胁的打击。在 SOC 芯片产业中，其外部的威胁主要来自于各个竞争对手，如相同产业的竞争，联想、金士顿、纽曼等，还有来自不同产业的替代品的竞争，要做的就是尽量依靠 SOC 芯片产业自身的技术、人才等优势研发具有高新技术、符合市场需求的 SOC 芯片，从而避免或减轻竞争者的威胁。

　　WT 战略就是直接克服内部弱点和避免外部威胁的战略。面对 SOC 芯片产业的后期技术支持薄弱的劣势与产业外竞争的威胁，SOC 芯片产业应该是加大力度投入后期技术从而直接克服这个弱点，而对于产业外的竞争则要通过划分不同的 SOC 芯片功能去推出具有不同特色的产品从而尽量避免外部威胁。

　　SWOT 方法的基本点就是产业的制定必须使其内部能力(优势和劣势)与外部环境(机遇和威胁)相适应，以获取各产业的成功。

第 4 章

SOC 芯片产业化模式设计

目前，我国 IT 产业的产业化模式普遍存在着一些问题，只有通过分析现存的主要产业化模式，在此基础上做出相应的分析和评价，找出具体的优势和问题所在，才能充分地利用这些现存优势，去掉不足之处，找到 SOC 芯片产业化模式问题的解决方法。通过客观地对几种重要的产业化模式进行分析和评价，提出基于复杂客户网络的 SOC 芯片产业化模式的设计方法。作为全新的 IT 产业的产业化模式，这种方法体现了复杂网络理论与产业化理论的融合，具有一定的理论意义和实际意义。

4.1 国内外 IT 技术产业化的主要模式及评价

4.1.1 产学研联合模式与评价

产学研合作模式就是在政府的财政和政策支持下，企业、高校、科研院所之间发挥各自优势，共同完成 IT 技术成果产业化的一种模式。这种模式在加强基础研究、应用研究、开发研究之间的联系，缩短技术成果转化周期，提高技术成果转化率方面发挥了重要作用。此模式有以下几个优点：一是以市场需求为导向，降低了科技成果转化的市场风险；二是资源的优势互补，将高校和科研院所较强的科研能力，企业较好的设备、灵敏的市场嗅觉、充足的资金投入结合起来；三是科研人员从实验研究到形成规模生产间全过程参与，降低了技术风险；四是利益共享和风险共担，在一个共同目标之下，技术、资本和管理要素紧密结合，各方责任权利明确，风险共担、利益共享、协同发展。该模式适用于技术难度较大、前期投入较多、持续时间较长、回报率很高的项目。

产学研合作模式最早在美国实现，举世瞩目的现代化和工业化发展在美国出现，可以说国家的兴盛一部分是由产学研合作的兴起带来的，并作为一种世界现象在今天盛行，目前已有很多成功的案例，当今世界各国的共识是科教兴国。而这种合作模式在发达国家包括美、英、德、日等表现则更为突出，政府通过扶持和引导实现产学研一体化建设，从而对国家的 IT 技术产业化进程起到了有效的促进作用，对国民经济的发展也起到了推动作用。

产学研合作的思想在西方发达国家中已有很长的发展历史。社会的发展和大学理念的转变，特别是自然科学的进步而引发的产业革命的发生直接推动产学研合作的不断演进和发展。20 世纪 50 年代，学术界和产业界应当结成伙伴关系的"硅谷模式"是由被称为"硅谷之父"的特曼首先提出的，他当时担任斯坦福大学工程系主任和工程学院院长，地区经济发展受到硅谷模式有力的推动，此种模式主要依靠校方对产学研合作的大力支持和斯坦福大学强大的科研实力，与此同时，斯坦福大学的科研与教学在与工业界密切联系的同时也有所发展。产学研合作的正式形成就是以硅谷模式为标志的。产学研合作的成功案例在其他国家也比比皆是。

产学研合作受到发展迅速的高等教育以及不断提高的科学水平的影响，在它们的激励下日益繁荣和深化。产学研合作在世界各国的发展是漫长而曲折的，在此，仅概述发达国家在产学研合作上的典型经验，以资比较。希望能够推动我国产学研合作的发展，并以此作为理论推动产学研合作各方的顺利合作，进而使我国的综合国力及国家竞争力和科技创新能力得到提高[24]。

1. 美国的产学研模式

作为产学研联合的发祥地——美国，其产学研联合各种各样的模式在其发展过程中出现。下面对最具代表性的模式进行分析。

1）科技工业园区

科技工业园区主要包括三种类型：第一，由大学组建，如"硅谷"就是以斯坦福大学为依托；第二，由企业组建，如"波士顿 128 号公路的高技术园区"；第三，由州政府主持组建，如北卡罗来纳金三角科技园。

2）企业孵化器

该模式是美国 1980 年兴起的新型机构，美国首先实行此模式，以联结人才、技术、资金和专门知识为目的。该模式致力于对科技成果进行孵化，并实现科技成果的商品化；它一般由几人到几十人组成，在各种模式中规模最小，依靠精干的人员、配套的服务、公用的设备，而形成良性小气候；资金来源、市场预测、经营管理等是开发新技术产业的企业遇到的主要困难，但孵化器可以帮助企业解决这些困难。具有类似的性质包括英国的科学公园，它主要针对急需的技术、资金等方面的问题，通过组织各方面的力量，用类似"攻关"的方式解决困难，对企业的顺利发展起到强大的促进作用。

通过上述各类孵化器可以归纳出：如果使孵化器的作用得到实现，其必须具有下述功能中的一到两种。

(1)信息流通渠道和销售能力一定要灵活。要以市场需求及国际市场作为孵化器选择的依据。以前生产大大落后于科学研究，不断缩短生产力由科研成果转化而来的周期，产品更新换代周期日趋频繁，所以要想对市场了如指掌就要信息灵通、反馈及时，只有了解市场，才能采取相应的措施，所以信息就是财富。

(2)企业能接受的程度是科技成果熟化的底线。由于企业的技术水平与许多高难度的科技成果存在一定落差，于是就要中间熟化科技成果，产品由样机的转化一般有两种情况：拥有较成熟的成果工艺，或完全能被企业接受，即企业可直接投产；如果是工艺不成熟的成果，则需通过实力较雄厚的单位进行试制，待到工艺成熟，再立即由企业进行投产。可以将较复杂的高技术成果，分解成单项技术，分配到多个单位联合攻关或分头解决，这都是孵化器的主要作用。

(3)能够融通资金。资金是孵化器各项活动的基础，为被孵化的企业畅通投资渠道也是必需的，中试、扩试等开发阶段是一个项目从研究成果到进入生产形成产业所必须经历的，同时还要解决生产工艺问题，由于存在脱节的科研与生产，开发资金在这一环节往往是得不到的。在国外，一般以孵化器工作人员的关系网为媒介，针对有经济实力的个人、企业、公司，鼓励他们进行风险投资，风险投资的存在是美国硅谷高技术区存在的重要条件。

(4)在各方面对新企业提供服务。销售渠道、管理、税收方面的知识是新企业严重缺乏的，特别是当技术上的问题不是该企业面临的主要问题时，孵化器更要发挥其作用，开发产品投放市场的巨大热情是孵化器的工作人员必须具备的，从而能够针对企业，并为其提供各方面的服务。

企业孵化器在美国主要包括四类：第一类以创造就业机会，推动地方经济发展为目的，由地方政府或非营利性组织主办；第二类以增强 IT 技术产品开发的竞争力为目的，由大学和研究机构主办；第三类由私营企业主办，包括种子基金、风险投资公司等；第四类是公私合营。

3)高技术企业

大学和研究机构中往往会衍生出高技术企业，主要包括四种类型：一是产学合作型；二是风险创业型；三是外力嫁接型；四是技术植入型。

研究中心和工程研究中心由工业-大学合作形式实现。主要有三种形式：一是研究中心由几个企业与一个大学联合形成；二是由多个企业与多个学校进行合作；三是由企业、大学签订合同与工业-大学合作研究中心进行合作。

4)技术转让和专利许可

发明专利、工业品外观设计专利和职务专利是美国专利许可的主要内容。作为一种战略，在美国科技成果发明人的利益和国家竞争优势都通过专利来得到保障。此外，为加快实现科研成果的商品化，全国性的技术转让机构在美国也逐步出现。在加快科研成果产业化发展趋势方面，需要专利许可和技术转让来促进[25]。

2. 日本的产学研模式

尖端化、复杂化和综合化的科学技术自 20 世纪 80 年代开始形成，独自攻破对于许多重大科研课题来说是很难实现的，所以于产、学、研一体化中加强三者的合作研究，对于日本政府更加重要。聘请大学老师讲学、从民间企业招聘教师、组织学生到企业实习、派遣科技人员到大学等是日本实现大学与企业合作的主要途径。

目前，共同研究、委托研究、共同研究中心是日本产学研结合的主要形式。共同研究，是以促进优秀成果的产生为目的，并以国立大学和民间企业的研究人员共同研究同一课题形式实现的。该项制度耗时一年至数年。大学的研究机构是其主要的科研场所，双方共有研究成果。委托研究，是民间企业在研究方面与大学合作的主要形式之一，该项制度是指地方公共团体、民间企业、各部门研究机构等委托大学的研究人员所进行的科学研究。共同研究中心，不仅进行共同研究和委托研究，而且还进行民间企业有关研究开发的技术人员和技术咨询的技术培训等任务。

日本政府鼓励通过加强国立大学与企业的合作来实现产学研联合。以学习借鉴美国经验为基础，通过多年的探索，日本具有自身特色的产学研联合模式逐步形成。

第一，形式各异的研究制度。以双方权利义务、合作目的的不同为分类标准联合合作可分为以下几种形式：①合作研究，就共同感兴趣的课题，由国立大学与民间机构的研究人员开展合作；②委托研究，是指国立大学受企业和政府部门的委托进行某项研究；③委托研究员，以研究生代培制度的形式表现出来，是指国立大学接收民间企业的研究人员和技术人员，并对其进行研究指导；④共同研究中心，它不仅是共同研究的场所，而且是产业界与大学合作的媒介，更是对企业技术人员进行培训的场所。

第二，作为孵化中心来研发尖端科学技术。技术转让业务是其主要从事的业务，包括转让交涉、搜集发明、申请专利等，股东由大学教师担任，负责经营的是有经验的企业经营者，进行方式是会员制。

第三，科学城。类似于美国的科技工业园区的高技术企业、科研机构和大学密集的新城区，在中等城市附近开辟，成为"科学城"。其中，最负盛名的是"筑波科学城"。

第四，培养与交流人才。产学研合作是通过人才培养和交流实现的，同时作为一条行之有效的途径，被日本政府应用于加强产学研的联合方面。一方面企业人才通过鼓励和各类培训而获得；另一方面大学教师也通过企业培养而获得、提供实践场所来培训学生，并鼓励大学对符合条件的老师进行民间招聘。国内大学、研究所、大公司进行"内地留学"接收脱产教师，也是日本政府所鼓励的，这使服务产业界的能力和水平在大学老师中大大提高。

第五，国际科技合作的积极开展。第二次世界大战结束后，日本作为后起工业国，其政府为了积极开展国际科技合作、弥补在科技创新领域人才不足等问题，主动采取各种措施来解决这些问题。

3. 英国的产学研模式

政府推动产学研同样也是英国产学研的主要特点，这一点类似于日本的产学研，同时极浓的官方色彩又是英国产学研合作的另一特色。20 世纪 90 年代，《英国的国家创新系统》报告由英国工业和贸易部发表，使知识的储存、转移和流动在产学研合作过程中得到了有力的推动。英国的产学研合作模式具有如下特点：第一，企业在 IT 技术方面的投资是政府大大鼓励的。第二，中小型企业是政府重点支持的对象，并使经济竞争力通过与高等教育之间的合作的方式来提高。在科技园区通过政策倾斜的形式来实现对中小企业的扶植，哺育出一大批富有活力的小型科技企业，前沿科技的各个领域都可看到它们的身影。第三，科学研究的政策通过政府来完善。近年来，英国面对不容乐观的经济发展形势，其进行产学研合作的一个重要原因是其自身存在严重的弱点。为此，1993 年 5 月英国政府发表科技白皮书，作为一个重要举措推进产学研合作的发展。

提高对产学研合作的重视程度，并大大加强国内产学研合作研究园区的建设；通过实施集群创导工程，提高对产业集群创新在区域创新体系建设中的重视程度；通过对区域创新提供政策、法规保障，在法制和制度上给予规范和支持，提高政府在区域科技创新体系建设中的作用，从而为区域创新提供更加良好的环境与条件。

英国大学产学研结合的主要形式是联合聘请教授和学生培训计划。由学校和企业联合，共同实施这项计划，主要的培养目标就是已经在公司就职的大学毕业生，大学生可以通过企业界提供的资助获得工作实习的机会。学校内同时设立"联合教授"的职位，使其在行政上向大学和有关公司双方负责，从而形成大学科技园区。英国大学科技园是以附近大学的科研发明为基础，依托大学的人才和资源优势而建立的研发和孵化生产园区。据 2009 年的统计结果显示，英国共有 100 多个科技园，其中大学科技园约占 25％，而且形式各异，模式不尽相同。其中比较典型的是牛津大学的科技园，其重要的发展战略和指导思想始终是围绕促进专利成果转化。通过采取一系列有力措施，强化孵化器功能。牛津大学产学研结合通过牛津科技园的成功运作，在科研水平方面得到了相当有利的提升。同时，这也大大促进了大学科技产业和地域经济及园区自身的发展，从而达到了多方面共赢的优秀结果[26]。

4. 国外产学研合作模式的借鉴意义

通过对目前世界强国，如美国、日本和英国等相应的产学研联盟的发展历程以及主要模式的学习，得到相应的经验等，大大促进了我国产学研联盟模式的构建、政府政策的制定和实施等的重要发展。

1）产学研联盟需要完善的法律保障

法律的规范作用在产学研联盟中得到充分发挥。法律的规范作用可以规范不同主体的行为，从而达到保护合作各方的合法权益的目的；同时，法律的规范作用也能使知识产权的归属和利益分配等问题得到协调和确定，以及处理合作中可以出现的各种纠纷问题。为此，产学研联盟得以成功实施必须需要完善的法律体系加以保障。其中，在技术创新和产学研联盟上，美国的法律最为完善，尤其是在知识产权归属、科研人员奖励、促进技术转移、利益分配等多个方面都有具体明确的规定，这些法律规定为推动产学研联盟的发展提供了重要保障。

2）政府应对产学研联盟提供必要的资金帮助

对于产学研联盟，其获得资金的一个重要来源是政府专项资金。在这种模式下，虽然资金大都来自企业，但当面对共性技术及前瞻性技术难题来说，企业一般不会乐意出资，这种情况就需要政府投入专项资金，以减少企业投资风险，增加企业参与创新的积极性。

3）明确国家创新战略目标

明确国家战略是推进产学研联盟的首要任务。英国政府为了加强创新能力曾经连续发布了一系列白皮书，在这里阐述了英国 21 世纪的创新战略，并提出了29 个子目标和 40 项指标。这些战略目标的建立，为产学研联盟创新创造了合作环境，指明了合作方向。

4）发挥企业的主体作用，支持中小企业参与

企业主体和产学研联盟的关系是技术创新体系建设中必须正确处理好的问题。英国在国家创新战略中一直将中小企业发展作为其重要环节。为了帮助中小企业获得更多的创新源泉，英国政府设立了科技中介服务机构，并在财政、金融和税收等方面提供多项优惠措施，用以促进中小企业同研究机构及大学之间的合作。

5）充分发挥科技中介的桥梁作用

信息资源丰富、信息渠道广泛、专业性强等都是中介机构的主要特点，可以作用于技术转让。例如，北欧国家创新中继中心的建设有力地推进了国家间的研发交流和技术转让；瑞典的大学和中小企业之间的交流和合作，使技术转让网络中心得到密切关注。

　　中介机构的作用在英国政府一向得到重视，英国政府不仅制订了必须有中介组织参加的法拉第合作伙伴计划，还积极利用、借助科技中介机构推进产学研联盟创新。因此，科技中介机构服务体系得到建立并不断完善，就能使中介机构在产学研联盟中的媒介作用得到充分发挥，同时也使产学研联盟成功的重要条件得到保障。与之相比，我国的中介机构刚刚起步，使企业提供创新粘结服务的需要无论在数量还是质量上都无法被满足。我国中介机构在产学研联盟创新中的重要作用应被充分认识，多类型多层次的科技中介机构应得到大力发展，使中介机构的桥梁作用在产学研联盟创新中充分发挥[27]。

　　例如，Telematics 终端机的产业化就是建立在产学研模式的基础上，在国家和政府的各项政策和资金的支持下完成的。

　　车载 PC，也就是 AutoPC 是 Telematics 终端机的核心，即麦克风、音箱在 AutoPC 中实现语音识别、语言合成（text to speech，TTS）、音频功能，液晶显示器和触摸屏等设施也在 AutoPC 中配备了。音响、电视（television）调谐器、导航、免提手机等功能在终端机中得到了综合。早期的 AutoPC 开发由 Delphi、Visteon 等汽车配件企业研发，但最近积极参与到其中的也包括 IBM、Intel 等 IT 大企业。类似于普通 PC，基本操作系统在 AutoPC 中也是必需的。

　　微软公司在政府的资金和政策支持下，以硅谷为核心研发基地，充分发挥了硅谷的科研和各个学科的综合合作能力；同时微软公司也展示了其在 IT 技术产业化方面的强劲实力，成功研发了世界最先进的 Telematics，在完成政府战略目标的同时也为社会创造了大量的社会财富，使美国在综合国力上也有了显著的提升。这充分展示了产学研模式在 IT 技术产业化方面的显著优势，成为值得其他国家借鉴的经验。

　　应用 Telematics 开发的汽车，Windows CE 3.0 被 *Window Automotive* 应用，语音识别、多媒体、自我诊断等模块也被成功添加应用，这是最适合汽车使用的。随着信息产业的核心成为 Telematics 终端机，为占领其庞大的市场，激烈的竞争在高新科技企业和国外 IT 大企业之间展开。随着数字移动通信成为移动通信从第二代数字移动通信系统的发展方向，高速数据通信成为移动通信网络的基础。如此一来，有效的链接通过这样的移动通信技术得到了保障，Telematics 服务的主导地位在发展车内信息环境中也得到了确立。

　　驾驶员通过使用 Telematics 系统，可以随时了解交通状况，绕过交通堵塞的地方，在最短时间内到达目的地。通过对此系统的应用，交通基础设施得到有效的利用，能尽可能大地减少因交通堵塞引起的损失。

　　美国在发生"9·11"恐怖事件后，对移动通信运营商做出了规定，提出移动运营商有义务提供紧急求助和定位服务。这样的环境变化对 Telematics 市场的发展提供了有效促进。因此，汽车上只需安装免提设备，Telematics 就可以为其提供服务，这有效促进了 Telematics 服务的普及。市场规模不断扩大，对与 Telematics 相关的 IT 行业的全面发展起到了推动作用。到 2010 年，世界范围内的 Telematics 产业和相关 IT 产业的市场规模不断扩大，达到 1 000 亿美元[28]。

4.1.2　企业自主创新的产业化模式与评价

该模式下企业依靠自身的科技资源进行技术创新，其开发出的科技成果在企业内部进行成果转化的模式。其主要特点是技术成果研发目的性强，企业根据自己的发展需要，开发适合本企业的高新技术成果，并且在产业化阶段拥有丰富的经验，同时考虑市场及自身技术水平的适应性，产业化成功率一般较高。这种模式减少了许多中间交易手续和费用，同时由于企业内部的科研人员对本企业技术和生产状况比较了解，从而使科技成果更为适用。这种模式适用于经济效益好、有强烈的创新研发能力，并能投入足够研发经费、愿意承担可能的失败的企业。这种模式对企业要求相对较高。首先是要有良好的研究设备、优秀的科研人才和充足的资金；其次要求有一定的市场经营管理能力。这种模式比较单纯，其特点是技术持有者从技术开发、研制到产业化形成一条龙，在产业化过程中不与其他单位发生关系，IT 技术产业化过程中的风险和利润均由技术持有者独自承担和享受[29]。

自我转化的主要优点如下：①开发生产一条龙，便于组织生产和经营活动；②通过生产和销售的信息反馈，便于产品研制工作更加完善和不断开发适销对路的新产品。

自我转化的主要缺点如下：①需要自己提供资金、场地等一系列条件，一般只适合于所需资金较少的中小项目的转化；②需自己进行市场开拓等科技人员不熟悉的工作[30]。

例如，Palm 公司的 PDA 技术正是由自主创新而实现的产业化。

PDA 的概念是由 Apple 公司的前首席执行官（chief executive officer，CEO）约翰·斯卡利在 1992 年提出的，并且世界首款公认的 PDA 产品 Newton 也在同年推出。由于 Apple 公司最开始不成功的商业运作，把 PDA 定位于 PC 机的替代品，因此，Newton 设计笨重，产品运行速度很慢、手写识别率很低，以至于在市场上的销售很差。1993 年年末，总共卖出了 12 万台，和公司预测的市场需求有很大的差距。然而新兴的技术和产品却打开了消费者的潜在需求，激发出市场需求。公司使用了 Palm 公司的创始人 Jeff Hawkins 开发的手写软件，大大地提高了 Newton 的实用性能，从而改变了这种情况，并且很快占据了大部分的 PDA 市场份额。

PDA 市场刚被打开时，Palm 公司成立且比较容易进入 PDA 市场。Jeff

Hawkins 是 Palm 公司的创始人并擅长软件开发，Graffiti 输入法很快被发明了，这使 Palm 公司的 PDA 走向市场有了很好的技术保证。与此同时 Apple 公司正经历 PDA 技术商业化的三个阶段，即构想、孵化、展示，PDA 市场的巨大的潜在需求被 Palm 公司看到，因此，Palm 公司直接进入商业化进程的推广阶段。在推广阶段面临的最大挑战是如何创造顾客利益、如何争取目标市场关键顾客的支持。Palm 公司将市场策略定位于产品的设计是吸取了 Apple 公司在产品设计上的不足。Jeff Hawkins 认为台式电脑的补充是掌上设备，而台式电脑不能被其替代，掌上设备要满足商务人士的需求，便于消费者的使用和携带。Palm 公司基于功能设计方面推出的第一款 PDA 产品 Palm Pilot 1000，使用的是自己独立开发的操作系统，它从手写识别系统、按钮布局到外形已经具备了今天 Palm 公司的众多特征。它在携带方便性和使用性方面都有很大的提高，更便于消费者使用，对 Apple 公司的 Newton 形成了绝对的竞争优势。Palm Pilot 1000 在推出一年半以后，销量超过 150 万台，创造了消费电子产品的历史记录，到 2000 年，整个 PDA 一半以上的市场都被 Palm 公司的 PDA 占据，在消费者心中建立了良好的品牌美誉度和知名度。

Apple 公司在 1997 年宣布退出 PDA 市场是由于 Palm 公司的快速发展。Microsoft 公司是 Palm 公司的另一个竞争对手，为了争夺 PDA 市场，先后推出了 Windows CE 1.0 版本和 Windows CE 2.0 的 PDA，然而 Palm 公司在消费者心中已经建立了很好的企业形象和品牌形象，Palm 公司的简单易用代表了一切，所以 Microsoft 公司在与 Palm 公司的对抗中仍然处于不利的地位。

4.1.3　技术成果转让模式与评价

技术成果转让模式就是企业、科研院所或高校将自己研发的技术成果有偿转让或许可其他企业使用，从而实现 IT 技术成果产业化。这种模式的特点如下：技术成果的开发和应用主体是分离的，它们之间大都通过技术市场等中介来实现某一 IT 技术成果的转化，但双方没有形成一种长期、连续的合作关系[31]。这种模式适用于较为成熟的 IT 技术成果，容易商品化或者已经商品化，能够看到不错的市场前景或者当前已经有着不错的市场状况。技术成果转让模式的特点主要包括：①技术转让过程是由技术提供者给予技术接受者全部的技术资料，并为技术接受者提供相关技术指导，生产出合格的技术产品，而相应技术产品的产业化过程，如技术接受者进行的生产经营活动，则与提供技术者不发生关系；②技术转让费用是技术接受者向技术提供者所支付的费用，这些费用既可以填补技术研发过程的研究成本，也可以为技术提供者带来一部分利润。

技术成果转让有其优缺点，其中优点主要包括：①彻底的技术移交过程；

②单纯的生产经营活动组织过程,这个过程中技术接受者不再与提供者产生作用。技术成果转让的缺点主要包括:①技术转让费用一般一次性支付,对于技术接受者是较多的费用额,存在很大风险;②后续的技术研发过程难以维系。

4.1.4　企业技术联盟模式与评价

中小 IT 技术企业个体的技术与资金力量不足,单一企业无法完成科技成果的开发及产业化,这时就需要中小 IT 技术企业通过合约的形式形成技术联盟,共同对科技成果进行产业化,在资金与技术上实行分工合作,共担风险,成果共享。该模式的特点是参与企业多但规模小,企业相对较为聚集,参与企业多为同行业或技术互补型企业。该模式主要适用于复杂的 IT 技术项目,技术社会溢出效果高、可分解子项目众多,子项目成果也可以向商品转化。

该模式主要优点包括:①有助于提高小企业在市场竞争中的竞争力;②共担风险,降低单个企业的风险程度;③企业技术互补,大大提高研发的成功率。

该模式主要缺点包括:①产权不明确,容易发生纠纷;②在竞争的环境中,不可能实现完全合作关系;③容易发生技术泄漏的状况。

4.1.5　发起组建股份制企业模式与评价

组建股份制企业的模式是指通过 IT 技术产业化过程中的集资或者募股,定向或者公开向社会募集产业化需要的资金,并根据股份制的要求来组织运行的产业化模式。这种 IT 技术产业化模式的主要特点包括:①按照公司法的相关规定,参加合作的单位和企业数要有一定数量,一般至少为五家企业;②对于需要很多资金的 IT 项目,需要筹集大量的资金,金额一般至少为数千万元;③各个出资者参与企业董事会,各方通过股东大会来行使其经营和管理责任,在董事会的领导下,除了技术人员之外的经验管理者需要通过社会招聘竞争上岗;④出资者一般按照在 IT 股份公司中各自所占股份的大小来共同分担风险并共享企业利润;⑤股份制企业要接受技术提供者交付的全部技术资源。

通过组建股份制企业发展 IT 技术产业化的主要优点包括:①这种模式对于大型 IT 项目的产业化更加适合,因为可以在短时间内筹集大量项目所需要的资金;②可以在一定程度上减少 IT 技术产业化所引起的高风险;③这种模式中,企业经营权和所有权分离,具有比较合理的监督机制和组织结构,企业经营活动很少受到某一方出资者的影响。通过组建股份制企业发展 IT 技术产业化的主要缺点包括以下几点:①对于某个决定一般需要出资者同时共同决策,决策成功的概率很低;②项目的发起困难,策划过程复杂,并且一般需要很多的资金投入;

③对于 IT 项目来说，有很高的技术和资金要求，一般技术要达到国内外先进标准，并且 IT 技术项目要进行市场前景预测，完成相应市场测试并进行了批量生产的之后才能进行。

例如，新事业开发部(new ventures groups，NVGs)在某项信号技术上投资实现的产业化，正是运用此种模式实现的。

1996 年 Bell Lab 的工程师 Paul Wilford 进行了一项研究计划，将模拟信号转换成为数字信号(analog singals to digital signals)，并构想这项技术在未来可以运用在数字网络上的影像传输。虽然当时数字网络尚不成熟，市场对于数字化的影像传输需求几乎还不存在，但是负责研发的副总裁 Victor Lawrence 仍然支持这项计划的进行，因为他知道这项技术对于未来数字网络市场的发展具有一定的重要性。在一次内部技术发表会上，Paul Wilford 的技术引起 NVGs 经理人的高度兴趣，并且派遣经理人主动参与这项计划，协助有关产品开发与市场分析的工作。

当时预估数字影像市场(digital video business)大约仅有一千多万美元的规模，还无法引发 Lucent 各事业部门的兴趣，因此才提供 NVGs 介入投资的机会。NVGs 知道要将这项新技术产品推广到市场上，还需要依赖 Lucent 内部资源与市场网络的支持，因此也邀请 Lucent 的北美市场营销事业部来参与在这项新事业开发，但不需出资，只要给予市场上的指导即可。

NVGs 对这项新事业开发投入了数百万美元，同时也自外部延揽了一位执行长，并且在两年后创造 2 000 万美元的营业收入，估计下年度还可再增长 50%。

NVGs 扩大 Bell Lab 研发成果商业化的机会，提供技术商业化市场竞争的机制，确实也大幅提升了 Bell Lab 研发成果的市场价值。

NVGs 对于技术商业化评估的态度与 Lucent 各事业部有显著的差异，后者是从满足现有市场需求的角度来评估技术的价值，对于新事业开发采取风险趋避的态度，但 NVGs 则更欢迎能开拓新市场机会与破坏性创新(disruptive innovation)的技术，并且认为风险背后才是机会，愿意为高报酬机会承担高风险。总之，NVGs 为 Bell Lab 的研发成果提供了另一条商业化的道路。

4.1.6　联合兴办有限责任公司模式与评价

兴办有限责任公司模式是指 IT 技术提供者与其他出资单位和企业通过以技术作价为出资方式联合兴办有限责任公司的模式，各公司独立核算、自主经营、自负盈亏，并且独立承担民事和经济责任。这种模式的特点主要包括以下几点：①一般合作企业数目至少为两家；②对 IT 技术产业化投入资金没有严格要求，资金可以根据需要来投入，从数十万元到上百万元都可以组建公司；③合作者参与企业的经验和决策，共同对企业进行管理工作；④合作者一般按照股份的占有率或者合同的约定来分享企业利润并承担企业风险和责任；⑤有限责任公司要接受技术提供者交付的全部技术资源。

通过兴办有限责任公司发展 IT 技术产业化的主要优点包括以下几点：①可以发挥出资者在资金和经营管理方面的优势和技术提供者在技术方面的优势，共同作用；②兴办公司的过程要求条件较少，成功的概率较大；③IT 项目的资金投入较为自由，资金投入量根据需要可多可少；④可以保证 IT 技术产品的后续开发顺利进行。

这种模式的主要缺点包括以下几点：①公司的经营管理工作由占有股份的出资单位派出管理人员负责，由于有很多来自不同企业的管理人员，会给公司的团结协作造成影响，降低公司运作和决策效率，有时甚至可能会影响公司生产经营活动；②由于公司一般希望企业蓄势待发，有长远的规划，而股东则希望有短期的利润回报，当公司利益与个别股东利益不一致时，会影响公司的发展；③由于不同的股东所在企业规模的不同，可能对公司的要求各不相同，这可能会对公司的正常经营造成影响[32]。

4.1.7　合作生产模式与评价

合作生产模式是指通过技术作价的形式，技术提供者把技术提供给现成的企业，并与这个企业进行合作生产 IT 产品，企业对产品进行独立核算，技术提供者则根据合同获得相应的利润回报。这种 IT 技术产业化模式具有的主要特征如下：①技术提供者只提供技术，管理工作由合作生产的企业负责，技术提供者要保证生产的正常进行并对生产经营状况进行监督；②技术提供者不负责提供生产过程中的其他条件，这些条件一般由合作企业负责提供；③技术提供者对于生产过程中的企业亏损和风险不承担责任；④技术提供者的利润一般通过 IT 产品的利润直接获得或者通过产品的销售收入提成来获得；⑤技术提供者提供给企业技术，而企业则需要给予技术提供者技术入门费，这个费用是用于技术研发中的成本损耗；⑥技术提供者要以生产正常进行为基础，为企业提供技术支持，既可以提供全部的技术资源，也可以保留部分核心技术。

合作生产模式也有其优缺点，其中主要的优点如下：①技术提供者为企业提供技术的同时可以得到技术入门费用，用于技术研发中的成本损耗；②出资者的实际资金投入很少，这样可以充分利用资源，提高资源利用率；③出资者主要负责企业的经营和管理，经营活动容易进行，企业具有简单的组织结构；④合作者需要承担的风险较低。合作生产模式主要的缺点如下：①技术提供者如果将技术全部出让给出资者，技术提供者的利益很难保证；②技术提供者如果未交出全部技术给出资者，企业的生产经营活动很难保证；③无法保证后续产品的开发顺利进行^[33]。

例如，Tensilica 芯片的产业化就是与 IBM 公司在合作生产的模式下实现的，对 SOC 芯片产业化有很大的借鉴作用。

Tensilica 是一家从事低功率微处理器开发的芯片设计公司，但他的产品经常会受到竞争对手 Intel 的侵权控诉。由于 Intel 是产业的龙头厂商，拥有大量的专利技术，竞争者的产品很难不涉及这类的侵权纠纷。IBM 在微电子产业亦拥有非常多的技术专利，因此在 IBM、Intel、TI 等大厂间，就会有交叉授权的协议，可以相互使用彼此的专利，不会受到侵权的控诉。因此，Tensilica 如果将芯片交由 IBM 来生产制造，就可享受 IBM 所提供的专利保护，产品当然也不会有任何侵权的风险。Tensilica 付给 IBM 的费用中，有一部分是用来支付这种专利保护的费用。

■ 4.2　基于复杂客户网络的 SOC 芯片产业化模式设计

4.2.1　SOC 芯片的市场定位及主要客户群分析

智能 SOC 芯片的总体目标为：针对移动存储应用系统需求，研究开发采用新一代移动存储控制 SOC 的智能移动存储终端，终端控制芯片采用国产 32 位 CPU，主频 300～500 兆赫兹，针对新存储介质和多种存储介质控制，集成 NAND FLASH 控制器，支持 16GB^① 以上的存储容量，集成 SATA 控制器、通用串行总线(universal serial bus，USB)2.0 控制器、异步收发传输器(universal asynchronous receiver transmitter，UART)控制器；针对安全存储应用，集成支持国际或国家标准和对称加解密算法、Hash 函数认证部件和分组加密算法部件。终端可以根据选择支持 SATA、USB 等多种接口的磁存储硬盘存储器。在加密存储、移动存储等多种存储应用领域推广应用，实现 10 万颗芯片以上的应用。

1. 产品的外观设计思路

(1)采用弧形流畅设计理念，体现"方与弧、刚与柔"的完美融合。产品外观结构充分考虑人体工学设计的要求，做到便捷携带，防止滑落松脱。弧形抗震机构，将冲击振动传递到强韧材质的四周角落。

---

① GB：gigabyte，吉字节，十亿字节。

(2)智能移动硬盘结构由上、中、下壳体组成。产品上、中壳材料为透明PC,下壳材料为铝材。上下壳体表面处理采用钢琴烤漆工艺,具有镜面效果。

(3)产品具有多个标准接口:加密触口、USB2.0、一键备份接口。

2. 产品硬件设计思路

采用国产 32 位主控 CPU,主频高达 500 兆赫兹、集成 NAND FLASH 等控制器。产品具有 USB2.0、MMC/SD、SATA 等常用标准接口,具有 100 兆/1 000 兆以太网接口,产品支持 16GB 以上的存储容量,产品具有身份认证、硬件加密等功能。

3. 产品关键技术及创新点

1)技术创新

产品的设计基于自主设计的北大众志 32 位高性能 CPU、高集成度的 SOC设计。基于北大众志 SOC 的高集成度主板。

2)整合创新

第一,易用、具有多功能多接口的高集成智能移动硬盘。

第二,超小体积的整合智能移动硬盘,包括硬加密、网络传输等功能。

第三,工业设计方面的创新:传统个人移动硬盘产品形态的突破。

3)应用创新

第一,绑定网络传输、数据安全、内部集成 NAND FLASH 控制器,使多种功能集成一起,满足不同层次对信息安全有较高要求的单位使用。

第二,软件创新领域:自主开发了安全之星移动硬盘管理软件。

信息安全包括传输安全、系统安全和存储安全。现在信息安全的热点集中在传输安全和系统安全,存储安全仍处于非常薄弱的环节。存储安全是安全事件的高发区,应引起高度重视。

4. 市场定位分析

纵观当前的移动存储市场,基本上被移动硬盘、闪存(U 盘)和储存卡三类产品占据,这三类产品占据了移动存储市场八成以上的市场份额。

1)市场定位:行业用户

曾经影响了两代人的美国定位大师里斯与特劳特指出:定位的方法和手段有多种,既可以从产品角度来定位,也可以对市场进行重新分割。而方正则走后面这条路——将目标消费群牢牢锁定在“行业用户”。

行业用户使用移动硬盘大多用来处理工作中的数据存储及交换需求,其对于移动硬盘有着非常突出的两点要求:一是数据的稳定性、安全性;二是产品的外观。对于数据的稳定性和安全性要求高是因为工作中往往要把重要文件、商业资料存放入移动硬盘中,一旦丢失或损坏,必将损失严重;而对产品的外观有较高要求，则是因为行业用户，如商务人士往往希望移动硬盘能够彰显自我的商务气质。尽管国内移动硬盘品牌林立，其中甚至不乏一些国际品牌，但很显然这些品牌中没有一个是将产品定位在行业用户上的。

2)产品定位：全面提升品质

如何将一个独特的定位转化为竞争中的有力武器，还需要对产品、服务进行全面的提升。方正移动硬盘产品问世之初便具有高稳定的特性。但为了更好地满足行业用户的需求。目前方正移动硬盘均采用"三重安全保障"。第一重是磁盘介质，采用目前世界上最先进的硅氧盘片存储介质，确保数据的稳定性。第二重是双导轨悬浮防震技术，该技术大大降低了磁盘运转时的震动，确保数据安全与稳定。第三重是刚性外壳，采用的是铝合金材料，故而异常坚固，不仅可有效抗冲击，而且散热更快，有效保护硬盘。

3)销售策略：不打价格战

国内移动硬盘陷入一场血雨腥风的价格战之中。不仅是国产品牌，包括国际品牌也在这场价格战中屈服，纷纷投身其中。方正移动硬盘却很少加入价格战，偶尔降价，也是促销之故。这种保守的做法不仅没有吓跑客户，更赢来了更多的信任。其缘由如下：价格战的不利影响，一是部分厂商为了获得更大的市场份额，只能以牺牲产品的品质和服务为代价；二是企业不愿或忽视基于用户价值的技术创新。方正集团不打价格战，也正是要为用户守住最后一道防线。由于2015 年价格战的肆虐，杂牌、组装产品的横行，众多品牌都在价格上一降再降，利润越来越薄的同时，品质及服务也开始下降。对于用户来说，特别是对于行业用户来说，价格是重要因素，但不是决定性因素；真正的决定因素是能不能提供优质的产品与服务。在这一点上，方正一直站在用户传输的稳定性、数据存储的安全性上，让用户买得放心、用得舒心。

5. 主要客户群分析

SOC 芯片的主要客户包括国家机关、学校教师、军队、政府、企业、觉悟高的个人等。

2008 年 5 月香港连续爆发 1.6 万名病人资料、16 万个银行客户资料、4.4万个市民个人资料等泄密事件后，此种"泄密门病毒"大有蔓延之势，"双子城"深圳同样难免被染。2008 年 6 月底，深圳某著名妇幼保健医院发生了产妇和婴儿资料信息泄露的严重事件。据调查是有人利用职务之便，在上班期间仅仅用了 5分钟时间，通过 U 盘拷贝了相关的重要数据后，被不法分子得到，随即以 1.2万元的价格对外出售。

这两次数据泄漏事件，对深圳市民造成了严重伤害，引起了市政府及领导的高度重视。经此事件后，全国卫生局纷纷行动起来。2008 年 7 月 1 日，上海市卫生局发出了《关于严格规范本市妇幼卫生信息数据管理的通知》，其中一条即是，"各级妇幼保健机构收集、汇总和储存妇幼信息时，必须确保数据信息安全。应使用专用计算机，并对所使用的软盘、移动硬盘、U 盘、光盘等移动存储介质，做到专人使用、管理和维护"。

据此事件可以看出，信息的安全性不仅引起了有关个人的高度重视，各级政府及国家机关也将信息安全作为各项工作的重中之重。此外，各企业和各部门也要引以为鉴，最大限度地利用各种途径来保证保密信息的安全。

智能存储 SOC 芯片能很好地解决移动存储安全性和稳定性等方面的问题。下面从教育行业、政府、军队、企业等角度来分析智能 SOC 芯片在安全性和稳定性方面的优势。

1)移动硬盘在教育行业中的应用

数据大爆炸时代，大容量移动硬盘拼接出色的便携性受到消费者的青睐，但如今信息比黄金更贵，数据的安全性能日益受到重视。这就需要移动硬盘具有出色的本领，即加密。加密技术现在非常先进，指纹加密、刷卡加密、各种加密软件被广泛应用到移动硬盘中。随着电子化教学方式的普及，移动硬盘在教育行业中的作用越来越重要，已经成为教师备课、存储资料、布置作业等方面的重要工具，在提高教学效率、丰富教学方式方面功不可没。在数字化教学日益普及的今天，病毒的入侵、数据的丢失无时无刻不在威胁着数据的安全。教育工作者的课件、作者资料一旦丢失，轻则延误工作，重则影响整个教学工作的进行。

在众多移动硬盘加密方式中，指纹识别在提高系统安全性方面的优势非常明显；指纹加密是一种真正可靠、安全、便利的加密方式。指纹识别技术依托个人指纹的唯一性达到准确的身份辨证，操作起来简单方便，避免记住一大串密码的麻烦。国内 IT 品牌商方正为行业客户定制了一款具有指纹识别的移动硬盘。方正指纹安全性移动硬盘 X1800，通过指纹识别来取代传统的密码加密，保护数据安全的同时也避免了因硬盘丢失、密码被破译所带来的麻烦。但在销售价格上，X1800 却远远低于市场上其他同类产品，从诸多方面满足教育用户对功能、外观、价格等的要求。

第一，备课好助手。

每位有着丰富教学经验的老师，在长期从事的教学过程中，都会形成一套有着个人特色的教学方法，或博文广识，或思维严谨，这一切都和课前下工夫所做的准备密不可分。为了使课堂内容能够生动，往往会花大力气去搜集相关资料进行备课，这时候，移动硬盘就成为承载着老师想法的工具，每位老师都有一些需要长期留存的经典案例。这些资料的性质是个人的资料，需要所存储的硬盘有着安全的加密功能。这时不必记忆烦琐密码的指纹硬盘无疑是最佳选择。

第二，教学演示百宝箱，指纹解锁更简单。

现在教学的课堂上，各个学科基本上都采用多媒体教学方式。老师只要将本节课所需要的课件拷贝到硬盘里，上课时直接连接到电脑上就可以进行讲解。使用普通功能加密的硬盘，在开始上课和课间休息后，都要通过对话框反复输入反锁密码，不但不方便记忆，也浪费时间。如果使用指纹加密功能的移动硬盘，就可以用手指轻轻滑过传感器，硬盘里的课件就可以生动地呈现在学生的面前。不但加密方便，解锁也更简单。

第三，课件、作者共享，分区更便捷。

一方面能够将更大量的信息快速、准确地传递给学生，丰富教学形式，从利益来看也方便了学生们把老师的教学课件拷贝过来，更加方便了他们课后的复习。移动硬盘在同学间相互传递使用过程中，由于学生的好动，极容易出现将课件以外的其他资料误删的操作，这时方正 X1800 移动硬盘提供的分区加密功能非常实用。方正 X1800 首创指纹分区加密功能，可以根据自己的需要，自主对移动硬盘进行公开区和安全区的划分。公开区可以存放自己愿意和朋友、同事分享的照片或影音资料，这一区域对加密功能要求不高；安全区则用于私密性较强的数据存储，方正 X1800 即在两者间找到了平衡点。

第四，性能完美，价格合理，适合教育用户。

教师在选择硬盘产品时要求产品有着出色的性能，同时价格也要合理，有着较高性价比的大品牌商品无疑是最佳选择。方正 X1800 采用最先进的钢琴烤漆工艺，看起来优雅大气；贯彻了方正移动硬盘在安全环保方面的要求，通过电磁干扰（electromagnetic interference，EMI）/静电释放（electro-static dischange，ESD）电磁兼容标准，使用起来更加放心；超大的容量和实惠的价格，更使该产品成为教育用户的最佳选择。

2）移动硬盘在政府、军队行业中的应用

第一，涉密信息移动存储规定。

美国联邦调查局和计算机安全机构调查结果显示，政府机构因重要信息被窃造成的损失超过病毒感染和黑客攻击所造成的损失，80％以上的安全威胁来自于内部。中国信息安全测评中心的调查结果也表明，敏感数据安全问题主要来自泄密和不法人员犯罪，而非病毒和外来黑客。根据中央办公厅、国务院办公厅转发的《中共中央保密委员会办公室、国家保密局关于国家秘密载体保密管理的规定》（厅字〔2000〕58 号）中的有关精神，从涉密信息移动存储介质的生成来分析怎样保障涉密信息移动存储安全。

根据《中共中央保密委员会办公室、国家保密局关于国家秘密载体保密管理的规定》，涉密信息移动存储介质的生成应做到以下两点。

首先，对涉密的硬盘、闪存盘、磁盘等应当依照有关规定，确定并标明密级，按类别统一编号、登记，明确管理责任人，明确保密责任。

其次，涉密移动存储介质不得降低密级使用和管理。显然涉密移动存储介质可以采用带指纹识别功能的指纹硬盘、指纹 U 盘等，对涉密的指纹硬盘、指纹 U 盘的保管在标明等级，按类别编号登记后，由于这些涉密存储介质具有指纹保护功能，可以在指纹注册登记时，明确涉密介质的管理负责人，从而通过技术手段确保保密责任。

根据《中共中央保密委员会办公室、国家保密局关于国家秘密载体保密管理的规定》涉密信息移动存储介质的使用应做到以下几点：首先，涉密移动存储介质应在密码柜中保存，涉密微机和服务器等的放置环境应当符合安全保密要求。其次，携带涉密移动存储介质外出，须经单位领导批准，并采取必要的保护措施，使涉密载体始终处于携带人的有效控制之下。再次，严禁携带涉密移动存储介质出境。确因工作需要携带出境的，应当按照有关保密规定办理批准和携带手续。最后，涉密人员离职离岗前，要将自己保管的移动存储介质全部清退，并办理移交手续。如果涉密存储介质采用指纹识别功能的存储介质，则可以从技术上保证对以上规定的严格执行。

第二，指纹移动硬盘、指纹 U 盘的应用。

下面以国内领先的指纹识别厂商深圳亚略特公司的指纹识别产品来介绍指纹识别产品在政府机关、保密系统、军队等行业的应用。例如，深圳亚略特公司推出了一款亚略特天盾 300 指纹移动硬盘。这是一款专为"对数据安全敏感"的特殊用户倾力打造的指纹识别移动硬盘。它提供基本的文件和文件夹的指纹加密功能，加解密操作菜单条被集成到浮动菜单中，用户像使用普通文件一样，点击右键对文件进行加解密。在充分考虑到高端用户对数据安全的实际要求，针对两人共同监管数据文件的需求，这款产品增加了双指纹认证的功能，在注册时需要两人同时注册，打开硬盘时需要两人同时现场认证，从而保证了数据管理权限维系一人的安全隐患。

针对普通移动硬盘不能隐藏文件的缺陷，采用芯级加密技术，保证了在未通过指纹认证情况下硬盘是不可见的，就是拆除硬盘安装在其他计算机上，也被操作系统认为是一个未格式化的新盘，从而达到彻底隐藏数据文件的作用。从安全管理出发，实现了安全日志技术，记忆硬盘的所有用户（admin 和授权用户）对硬盘的访问记录，时间点精确到秒。凡是对文件的读写更改操作均记录在日志中，作为事后安全审计的重要依据。考虑到职位和角色变化的现实情况，提出了安全交接的概念，即使由于原使用者的工作角色或职位的变化，或者离职，指纹硬盘中的 admin 使用权限都能够被安全地交接过来。

另外考虑到日常使用的方便性，产品还具备给临时用户授权使用的功能，由 admin 用户分配一个授权用户 ID 并注册指纹，这个授权用户就可以拥有文件的加密和读写权限。另外在进行文件夹加密操作时提供友好的操作界面，供用户选择需要加密的文件。用户挂接上键盘设备后，操作系统并不能找到硬盘。如果能看到硬盘，首先需要通过存储于 FLASH 中激活程序启动指纹认证程序。认证时需要两个人同时在场(或者一个人的两个不同手指)，输入指纹。认证所需的一切信息包括指纹都存储于移动硬盘的，其他应用是无法窃取的。认证通过后，硬加密固件才能打开磁盘的访问状态，操作系统才能看到硬盘。相应的指纹认证加密管理系统才能启动，用户才能进行文件的加解密。如果把指纹移动硬盘挂接于另一台机器上，也需要通过激活程序启动指纹认证程序，并且只有 admin 用户才可以通过认证。

如果是非法用户，指纹认证程序必定失败，硬加密固件不会打开磁盘的访问状态，丢失的移动硬盘，盘芯被换到其他类型的移动硬盘盒中，在资源管理器一级找不到硬盘，在设备操作中会被操作系统认为是一个未格式化的硬盘。即使相同型号的移动硬盘，在某种情况下硬盘(盘芯)被"偷梁换柱"，启动 FLASH 上的激活程序打开指纹认证界面，也是无法通过认证，硬加密固件不会打开磁盘的完全读写状态，从而重做系统也找不到硬盘。显然如果使用类似亚略特天盾 300 指纹移动硬盘的指纹识别移动存储介质，就能从技术上保证以上规定的实施。如涉密载体被携带外出时，通过对用户的指纹授权，确保无关人员无法打开文件，万一失落，也可以确保硬盘的数据不会被无关人员打开。双指认证功能，也确保了交接工作的彻底干净。

3)移动硬盘在企业中的应用

如今，企业大量机密数据以电子文档的形式存在，而电子文档是很容易散播的。目前大量的数据泄密手段往往是最直接的收买、拷贝方式。这时，防火墙、入侵检测等防护系统就形同虚设，根本起不了任何保护作用。因为防火墙或专网只是解决了外部人员非法访问的问题，不能解决内部人员通过移动硬盘或 U 盘把电子文档进行二次传播的问题。

美国法律规定：加密技术和核武器同属重武器，限制出口。欧盟同样有这样的规定。出口到中国的软件要么就是淘汰技术，要么就是留有后门的数据安全软件。例如，你买了一个防盗门精心保护数据的安全，而那个卖给你防盗门的人却拥有防盗门的钥匙。这是一件多么可怕的事情。

国内的企业大都还没有重视到数据安全加密系统中最为关键的文件加密。他们往往花巨资购买了防火墙，认为企业数据就安全了，但是你可想到防火墙只保护企业内部网络的安全性，怎么防止企业内部人员监守自盗。美国军用卫星被黑客控制，防火墙是不是相对于有的人来说形同虚设，防君子不防小人。有的企业花巨资安装监控软件，可以监控企业每台电脑屏幕，使员工一点隐私都没有，此又是防君子不防小人的招数，一旦公司资料泄密，事发之后，是有可能根据软件日志文件查找到具体的人，但是公司的损失无法挽回，既然做了，大部分人事后是不怕你知道的。

我们需要的就是文件加密，使文件限制在公司内部的电脑上，无论是黑客绕过防火墙来窃取的资料文件还是公司内部人员外发的或拷贝走的资料文件都无法在他们电脑上打开。这样就做到了万无一失。不仅防止了内部泄密，也防止了外部人员的窃取。

4.2.2　SOC 芯片产业化流程及构成要素

1.IT 技术产业化过程

IT 技术产业化过程是在 IT 技术成果基础上形成的产业过程。因此第一个阶段是 IT 技术成果研发。没有成果，一切都是空谈。通过科研投入，取得预期满意的 IT 技术成果以后，就进入了第二个阶段，即 IT 技术成果商品化阶段。市场交易需要的是商品，科技成果要转化为商品才会被市场接受。对于只负责研发的机构，这时会将技术成果转让给商业运作企业。在这个阶段，一般要完成生产工艺开发、生产线建立、产品包装等活动。科技成果转化为商品后，下一阶段就是科技成果产业化阶段。这一阶段，IT 技术产品大规模生产，科技成果在生产企业间推广转让，形成 IT 技术产业。

2. 影响 IT 技术产业化的要素

在 IT 技术产业化的过程中，影响企业产业化模式选择的主要因素包括企业研发能力、技术含量、资金需求、产业化周期、技术研发风险、经济效益、合作后各合作方控股程度、产品后续开发、市场规模、市场潜力、政策支持、相关法律、社会效益、技术机密性要求等。

在操作实施的过程中，由于技术提供者和出资者各自的目的不同，所以他们关心的重点内容也就有所不同。在设计产业化模式时，可以根据 IT 技术产业化过程中双方的利益和要求，重点选择和考虑某一个或几个主要的方面来实现 IT 技术产业化过程，具体的内容有以下几个方面。

1)企业研发能力

一方面企业经费有限，希望通过参与产业化过程求得更多收益；另一方面，大部分企业尚不具备技术研发能力，或者研发能力很弱，可以选择产学研模式或与其他企业形成企业技术联盟模式来提高自身的研发能力。如果企业具有很强的技术研发能力，则可以选择自主创新产业化模式。

2)技术含量

技术含量越高、需要更多后期技术支持的成果，选择自主创新产业化模式或者与其他企业合作生产模式成功率高；反之，宜直接进行成果转让。当成果离大规模产业化尚有一定距离时，可选择产学研模式中的园区孵化模式。

3）资金需求

如果资金需求不大，可选择自主或合作生产模式；反之，则可以选择成果直接转让或技术入股模式。对于技术提供者来说，如果 IT 技术项目的规模较大，其产业化的投资金额在数千万元甚至过亿元的话，技术提供者一般会选择股份有限公司的模式，这样可以比较容易地筹集大量的资金，联合更多的股东；如果 IT 技术项目相对较小，则可以选择有限责任公司的模式，其产业化的投资金额只需要数十万元到几千万元，没有资金筹集的问题，选择这种模式可以集中有限的股东，有利于企业的协调和管理。在这两种模式中，技术提供者的入股方式可以是通过技术作价，也可以通过资金投入和技术作价相结合的方式占有公司的股份。如果技术提供者选择技术作价的方式入股，在 IT 技术产业化的过程不会再投入资金，可以选择合作生产、有限责任公司和股份有限公司模式，这三种模式都可以实现，而技术提供者在技术转让模式中是不需要资金投入的。对于出资者来说，如果自身有充足的现金可以投入产业化过程中，可以选择有限责任公司；如果自身的资金不足的话，可以选择股份有限公司；如果出资者想要利用已有的资源和条件，如厂房、生产设备、工作人员和原材料等，但是没有足够的资金的话，可以选择合作生产方式。

4）产业化周期和技术研发风险

一般而言，产业化周期越长、风险越大，鼓励采用直接转让模式，尽快获得收益，规避风险；反之，可自主创办企业或通过技术入股等方式与他人合作。风险与利润是共存的，但这两者并不是完全呈线性关系的。

利润和风险是同时存在的，但是二者不是线性关系变化的。IT 技术产业化的风险可以通过在产业化过程中选择正确合理的产业化模式来降低或者解除。如果是大型的 IT 项目，可以选择股份有限公司这种模式，在较大的 IT 项目中分散风险，因为这种模式中的参与股东很多，而每个股东占有相对很小的股份，实现了风险的分摊和转移；如果是小型的 IT 项目，既可以选择合作生产也可以选择技术转让。合作生产可以使出资者和技术提供者都降低风险，这是因为这种模式可以充分利用出资者的资源和条件，不需要出资者投入大量的资金，技术提供者可以在产业化过程中通过分析 IT 技术产业化模式的特征和依据做出正确的模式选择，并得到技术入门费用，不需要投入资金，并且入门费用可以用来抵消技术提供者的技术研究开发成本，可以实现规避风险的目的。技术转让模式则相对来说可以更大地降低技术提供者的风险。这三种模式可以通过分析来做出合理的选择。

5）产业化的经济效益

资金投入力度和风险的大小直接关系到企业利润的情况。技术提供者如果想得到更多的利润，可能会选择自我转化这种方式，但是同样也会独自承担 IT 技术产业化的风险；而出资者如果想得到更多的利润，可能会选择合作生产或者技术转让的方式，但是后一种模式可能会影响技术提供者的利益。技术提供者可以在技术转让过程中得到技术转让费用，不会承担产业化过程中的技术风险，但是同时，在技术转让过程完成之后，技术提供者也失去了对这项技术后续所产生的利润的享有权利。如果出资者和技术提供者同时看好 IT 产业化的前景，可以通过选择组建股份有限公司或者有限责任公司的方式来实现 IT 技术产业化，从而得到各自满意的利润和收益。

6) 产业化的控股情况

如果 IT 产业化过程想要减少股东对其的影响，可以选择组建股份有限公司。股份有限公司中的董事会和股东一般不会直接参与公司的正常生产和经营活动，只有对公司的重要事项和决策才会参与其中；如果出资者想要对 IT 产业化过程做到完全控制，可以选择技术转让方式来实现。但是当技术转让过程结束之后，技术提供者就不能再参与这项技术相关的生产和经营活动；如果出资者想要独自完成 IT 技术的产业化过程，但是还需要技术提供者对相应的技术提供保证和支持，可以选择合作生产方式；如果技术提供者想要实现对产业化的完全控制，可以选择自主创新模式；如果技术提供者和出资者想同时参与到产业化过程中，可以选择有限责任公司，这种模式可以实现对参与股东的集中，而且参与的股东都是在一定程度上对公司的情况有所了解，对公司的工作和运作情况比较熟悉。

7) 产品的后续开发

如果要做好产品的后续开发工作，可以选择有限责任公司或者股份有限公司，而这两种模式一般会与技术提供者有很大的联系，技术提供者一般在有限责任公司或者股份有限公司中拥有一部分股份，而技术提供者要提供进入公司的技术人员来负责产品的后续开发工作，利益的驱动力可以使技术提供者主动进行产品的完善和后续开发工作[34]；如果不关心产品的后续开发，可以选择技术转让方式，技术转让过程结束之后，技术提供者一般就会停止新产品的开发工作，不会进行新的技术研发，除非合同中规定了相应的改进条款，而这往往不利于产品的后续开发；如果选择合作生产方式，出资者可以根据需要来为技术提供者支付一定的费用，用于后续产品的开发经费，否则技术提供者也不会负责进行产品的后续开发。对于这三种模式而言，正确地选择合适的模式最为重要。比较来看，合作生产比有限责任公司和股份有限公司更加不利于新产品的后续开发，但是这种模式比技术转让模式在研发经费方面更加有利，可以节约部分开发费用，同时缩短了开发时间，技术提供者可以根据股份占有情况得到一定的利润，这会促使技术提供者提高对新产品开发的积极性，而合作生产方式比技术转让模式在新产品的开发等方面又会更具有优势。

8)市场规模和市场潜力

预期市场规模和市场潜力越大,依托成果自主或与他人合作创办 IT 技术企业,其收益越高。所以产品如果有预期较大的市场规模和市场潜力,则可以选择企业自主创新产业化模式或组建股份有限公司模式,也可以为了减小风险和资金的投入而选择与其他企业形成技术联盟共同开发。反之,如果产品的市场规模和市场潜力较小,首先要确定产品是不是有开发的价值,如果确定要开发,为减小风险推荐采取与其他企业合作的模式。当研发成功后也可以考虑将技术转让。

9)社会效益、政策支持和相关法律

IT 产品的产业化与政府的政策和资金支持是分不开的,IT 产品实现产业化不仅可以为企业创造经济效益,还可以创造巨大的社会效益,有助于增强综合国力。创造的社会效益越大则越易得到政府的支持。所以目前政府和国家在 IT 技术产业化方面给予巨大的政策和资金支持。如果某项产品的研发没有政府政策和相关法律的支持是很难实现的。如果产品得到政府与国家政策和资金的大力支持,则企业可以大胆地选择自主创新产业化模式,或选择股份制公司和有限责任公司等模式。如果政府和国家对产品支持力度不大,则为了减小风险选择与其他企业合作或企业联盟的模式,甚至可以将研发成果进行技术转让。

10)技术机密性

如果产品的技术对技术机密性有较大的要求,则建议企业选择自主创新产业化模式或建立股份制公司等由企业自身掌握技术的模式,避免与其他企业合作造成技术泄露。如果产品对机密性要求不大则可以在综合考虑各方面因素的情况下选择与其他企业合作和企业联盟的模式。

4.2.3　基于复杂客户网络的 SOC 芯片产业化模式

1. 基于 KIEA 法的智能移动存储控制 SOC 芯片产业化模式因素权重确定

1)KIEA 法

对于产业化模式指标体系权重分析这一问题,一般来说,利用定性指标定量化的方法比较合适,但这类方法在使用上要解决一个重要的问题,即指标之间的关系确定问题。确定各项指标关系使用的一般方法是建立解释结构模型,这种方法的难点是如何准确地找到邻接矩阵,对于邻接矩阵的确定可能因为考虑问题不全面或者主观性很强而得出的结果与实际不相符合,所以这里采用 KJ 法来确定邻接矩阵。本书在设计产业化模式方面,采用解释结构模型(interpretative structural modeling method,ISM)和 KJ 法相结合的方法,通过递阶层次结构这一模型的建立,利用可拓层次分析法(extension analytic hierarchy process,EAHP)来分析每个要素在产业化过程中的重要程度,这种 KJ 法、ISM 法和

EAHP 法相结合对问题进行分析的方法称作 KIEA 法[35]。

　　KJ 法是日本川喜田二郎提出的一种质量管理工具，又称 A 型图解法、亲和图法。KJ 法是将未知的问题、未曾接触过的领域的相关事实、意见或设想之类的语言文字资料收集起来，并利用其内在的相互关系画成归类合并图，以便从复杂的现象中整理出思路，抓住实质，找出解决问题的途径的一种方法。KJ 法所用的工具是 A 型图解。而 A 型图解就是把收集到的某一特定主题的大量事实、意见或构思语言资料，根据它们相互间的关系分类综合的一种方法。把人们的不同意见、想法和经验，不加取舍与选择地统统收集起来，并利用这些资料间的相互关系予以归类整理，有利于打破现状，进行创造性思维，从而采取协同行动，求得问题的解决方法。KJ 法实施主要包括确定对象、收集资料、制作资料卡片、汇总、整理卡片、编制 A 型图、口头及书面报告几个步骤。

　　ISM 法是广泛应用的一种系统分析方法，是一种结构模型化技术。它通过将复杂的系统分解为若干子系统要素，利用人们的实践经验、知识及计算机的帮助，构成一个多级递阶的结构模型。此模型是一种概念模型，可以通过定性分析把含糊的、不确定的看法和思想转化成结构关系良好的直观模型。这种 ISM 法一般适用于关系复杂、变量较多、结构不明确的系统，对于方案顺序的编排等也很有效果。ISM 的工作程序一般分为以下几个步骤：首先实施 ISM 小组，小组成员一般由技术专家、协调人、参与者三方面人员组成。其次设定关键问题，选择构成系统的影响关键问题的导致因素，列举各导致因素的相关性。再次根据各要素的相关性，建立邻接矩阵和可达矩阵，并对可达矩阵分解后，建立结构模型。最后根据结构模型建立 ISM。

　　EAHP 法是一个修正层次分析法。在层次分析法（analytic hierarchy process，AHP)的使用过程中，有一个重要的问题经常被忽略，那就是在构造判断矩阵、指派标度时，人的模糊判断性被忽略了。具体说来，在只考虑两种人的判断的极端情况下，比较方案的重要程度时，一般以隶属度 1 来选择一个标度，同时又以隶属度 1 否定其他标度。而在实际的判断过程中，人的判断会把模糊的数量确定化，这一般是在不确定的范围内进行判断，不能变成没有弹性的硬性指标。层次分析法在应用时要注意一个问题，在建立判断矩阵过程中要做好矩阵的一致性验证。对矩阵一致性的判断可以直接对计算结果的合理性给出理论依据，不具备一致性的矩阵，就不能用于因素重要性的应用过程，所以矩阵的一致性会影响矩阵生成的排序向量对元素客观排序的真实反映状况。

　　对于上面的问题可以通过把可拓理论应用于层次分析过程加以解决。可拓学理论是 1983 年由我国学者蔡文创立的学科，其理论基础是可拓集合和物元理论，并把物元作为逻辑细胞的基本单元。这种 EAHP 法可以将关联函数值扩展到（-∞，+∞)，使评价结果定量化、精细化，提供一种全新的途径用来进行多角度的方案评价。

EAHP 法的具体计算步骤如下。

第一，提出相关定义。

设定 $E(U)$ 作为论域范围内的可拓集合全体，设 $a=<a^-,\ a^+>\in E(U)$，则 u 关于 a 的简单关联函数 $K_a(u)$ 表示为

$$K_a(u)=\begin{cases} \dfrac{2(u-a^-)}{a^+-a^-}, & u\leqslant \dfrac{a^-+a^+}{2} \\[2mm] \dfrac{2(a^+-u)}{a^+-a^-}, & u\geqslant \dfrac{a^-+a^+}{2} \end{cases} \tag{4.1}$$

其中，可拓区间数为 $a=<a^-,\ a^+>=\{x\mid 0<a^-<x<a^+\}$。

第二，建立可拓的判断矩阵。

在 EAHP 法的应用过程中，先建立相应的递阶层次模型，并根据第 $k-1$ 层的某一个准则或者因素(如第 h 个)，通过对第 k 层和与这一层相关的所有 n_k 个因素进行两两比较，通过可拓区间数来定量地表示层次间因素的相对重要程度或者优劣程度，建立一个矩阵 $\boldsymbol{A}$ 作为可拓区间数的判断矩阵。

$\boldsymbol{A}=\{a_{ij}\}_{m\times n}$ 中的 $a_{ij}=<a_{ij}^-,\ a_{ij}^+>$ 作为可拓区间数元素，通过定量化可拓判断矩阵中的元素，则可拓数量的中值 $(a_{ij}^-+a_{ij}^+)/2$，即为层次分析法中比较判断过程所采用的 Satty 所提到的标度为 $1\sim 9$ 中的整数部分。其中矩阵 $\boldsymbol{A}=\{a_{ij}\}_{m\times n}$ 为可拓正反矩阵。

第三，权重向量的计算和可拓判断矩阵的确定。

假设 $a_{ij}^t=<a_{ij}^{-t},\ a_{ij}^{+t}>(i,\ j=1,\ 2,\ \cdots,\ n_k;\ t=1,\ 2,\ \cdots,\ T)$ 是第 t 个专家所确定的可拓区间数，则有

$$A_{ij}^k=\frac{1}{T}\bigotimes(a_{ij}^1+a_{ij}^2+\cdots+a_{ij}^T) \tag{4.2}$$

可以计算第 k 层的可拓区间数目，从而得出第 k 层的所有因素相对于第 $k-1$ 层的第 h 个因素的可拓判断矩阵。

根据第 k 层的综合可拓区间数矩阵 $\boldsymbol{A}=<A^-,\ A^+>$，其权重向量要满足一致性要求，其具体步骤为如下。

第一，计算与 $\boldsymbol{A}^-$、$\boldsymbol{A}^+$ 的最大特征值相应的具有归一化特征的正分量向量 $\boldsymbol{x}^-$、$\boldsymbol{x}^+$。

第二，由 $\boldsymbol{A}^-=\{a_{ijij}^-\}_{m_k\times n_k}$、$\boldsymbol{A}^+=\{a_{ijij}^+\}_{m_k\times n_k}$ 计算。

$$k=\sqrt{\sum_{j-1}^{n_k}\frac{1}{\sum\limits_{i=1}^{n_k}a_{ij}^+}},\ m=\sqrt{\sum_{j=1}^{n_k}\frac{1}{\sum\limits_{i=1}^{n_k}a_{ij}^-}} \tag{4.3}$$

第三，求出权重向量。

$$S^k=(S_1^k,\ S_2^k,\ \cdots,\ S_{n_k}^k)^{\mathrm{T}}=<kx^-,\ mx^+> \tag{4.4}$$

第四，层次排序。

如果 $a=<a^-,\ a^+>$，$b=<b^-,\ b^+>$ 为两个可拓区间数，则 $V(a\geqslant b)$ 由式(4.5)计算。

$$V(a\geqslant b)=\frac{2(a^+-b^-)}{(b^+-b^-)+(a^+-a^-)} \tag{4.5}$$

根据式(4.5)计算 $V(S_i^k\geqslant S_j^k)(i=1,\ 2,\ \cdots,\ n_k;\ i\neq j)$，如果 $\forall i=1,\ 2,\ \cdots,\ n_k;\ i\neq j$，$V(S_i^k\geqslant S_j^k)\geqslant 0$，则

$$P_{jh}^k=1,\ P_{ih}^k=V(S_i^k\geqslant S_j^k)(i=1,\ 2,\ \cdots,\ n_k;\ i\neq j) \tag{4.6}$$

其中，P_{ih}^k 为第 k 层的第 i 个因素相对于第 $k-1$ 层的第 h 个因素的单排序列，对其进行归一化计算可得

$$\boldsymbol{p}_h^k=(P_{1h}^k,\ P_{2h}^k,\ \cdots,\ P_{n_kh}^k)^{\mathrm{T}} \tag{4.7}$$

其中，计算结果表示第 k 层的每个因素相对于第 $k-1$ 层的第 h 个因素的单排序列权重值。

2)KIEA 方法的实施步骤

第一，组织实施小组。在小组成员选择方面，要吸收具有不同观点的成员加入小组，并组织成员进行有效、认真热烈的问题讨论过程。

第二，建立邻接矩阵：①意见的提出过程。所有的参与者要把自己对于主题的意见和想法提出来，而记录者可以通过记录小卡片的方法，将参与者的意见和想法记录下来，并直接将小卡片放在桌上。这个过程要求所有的参与者都提出自己的意见和想法。②意见的归类过程。在参与者的讨论结束之后，将小卡片进行分类，其中意见相似或一致的可以归为一类。然后将同类的小卡片集中起来，形成不同的小组，并对每个小组总结出一个名称。如果参与者提出了新的意见和想法时，可以随时将这些意见和想法写在小卡片上并加入相应的小组中。之后要将所有小组的意见和想法在所有的参与者中重新进行讨论并归类，将小组再分成中组和大组，同时对于很难确定组别的小卡片单独放置。找到各个组别之间的相互关系，并通过箭头方式做好标志，明确关系形式，得出组别间的结构图形模式。③图形的造句过程。参与者根据 A 类 KJ 法得出的关系图进行造句。这个过程中，参与者只根据图形进行造句，可以不用表示他们的想法。④组内信息分析过程。一般取组内的某条信息 e_i，分析该信息对于其所在组中其他信息 e_j 的影响情况。如果对其他信息有影响，则 $M_{ij}=1$，同时在第 i 行和第 j 列填入 1。然后进行信息的逐个分析，直到对该组中的所有信息分析完成为止。⑤分析这一信息对该信息所在中组的影响情况。如果信息对所在中组有影响，则继续分析该信息所在小组的信息 e_i 的影响情况，如果对信息 e_j 有影响，则 $M_{ij}=1$，同时在第 i 行和第 j 列填入 1。如果对信息没有影响，则可以继续分析其他小组的情况。通

过对信息进行逐个分析，直到分析完中组的所有小组和对其有影响的小组的所有信息为止。⑥重复上面的过程，直到分析完所有组别的信息为止。⑦在矩阵中没有填入数字的部分填入 0。这样，就完成了邻接矩阵的建立过程。

第三，层次结构模型的建立过程。

通过计算邻接矩阵，可以得出可达矩阵 T，即

$$T=M^{n+1} \tag{4.8}$$

其中，n 表示邻接矩阵 M 的阶数值，可达矩阵 T 既可以反映出系统中各个要素之间的直接关联性，也可以反映出系统中各个要素之间的间接关联性。

可达矩阵 T 可以分解成两个不同的集合。

(1)$R(S_i)$ 集合。这一集合包括了可达矩阵中第 S_i 行中矩阵元素为 1 的所在列的对应要素的集合。

(2)$A(S_i)$ 集合。这一集合包括了要素 S_i 列中矩阵元素为 1 的所在行对应的要素的集合。

在计算 $R(S_i)$ 与 $A(S_i)$ 的交集时要满足的主要条件如下。

第一，系统中的最上位要素也称为最高层次要素为 $R(S_i) \bigcap A(S_i)=R(S_i)$ 中的要素。

第二，将最高层次要素去掉，重复这一过程，分别确定系统的第二层、第三层要素，直到最下层要素为止。

第三，建立该系统的层次结构模型。

第四，判断矩阵的建立过程。小组中的专家要分别对各层次的要素和上一层次的要素进行比较，通过相关要素的两两比较，根据 1～9 标度的方法，建立出该系统的判断矩阵。

第五，层次的单排序过程和一致性检验分析。在已经建立的判断矩阵的基础上，通过进一步的计算，可以得出层次的单排序过程，然后对其进行一致性检验分析。

第六，层次的总排序过程和一致性检验分析。根据上面的过程同理可以得到。

第七，分析并讨论利用 KIEA 方法得出的结论。

2. 产业化模式影响因素的权重确定

1)成立工作小组

工作小组由 5 名企业内部管理人员、5 名技术人员和 4 名外部专家组成。

2)利用 KJ 法分析产业化问题

第一，小卡片的制作过程。

根据 KIEA 法步骤②的分析，可以将参加研究的专家意见分组，并进行初步分析和整理，形成 14 张小卡片，如表 4.1 所示。

表 4.1　SOC 产业化影响因素

编号	1	2	3	4	5	6	7	8	9	10	11	12	13	14
内容	企业研发能力	技术含量	资金需求	产业化周期	技术研发风险	经济效益	控股程度	后续产品开发	市场规模	市场潜力	政策支持	相关法律	社会效益	技术机密性

第二，建立拓扑结构模型。

根据表 4.1 的 14 卡片，通过 KJ 法分析，建立 SOC 产业化影响因素结构模型，如图 4.1 所示。

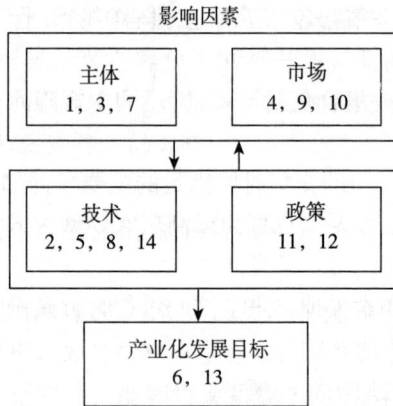

图 4.1　SOC 产业化影响因素结构模型

第三，建立邻接矩阵。

根据图 4.1SOC 产业化影响因素结构模型建立邻接矩阵，如图 4.2 所示。

$$
\begin{bmatrix}
1 & 0 & 1 & 0 & 0 & 0 & 0 & 0 & 1 & 0 & 1 & 0 & 0 & 1 \\
0 & 1 & 0 & 1 & 0 & 1 & 0 & 0 & 0 & 0 & 0 & 1 & 0 & 0 \\
0 & 0 & 1 & 0 & 0 & 1 & 0 & 1 & 0 & 0 & 0 & 1 & 0 & 0 \\
0 & 0 & 0 & 1 & 0 & 0 & 0 & 0 & 0 & 0 & 1 & 0 & 0 & 0 \\
1 & 1 & 0 & 0 & 1 & 0 & 0 & 1 & 0 & 1 & 0 & 0 & 0 & 1 \\
0 & 1 & 1 & 0 & 0 & 1 & 0 & 0 & 0 & 1 & 0 & 1 & 0 & 0 \\
0 & 0 & 0 & 1 & 0 & 0 & 0 & 1 & 0 & 0 & 0 & 0 & 0 & 0 \\
0 & 0 & 0 & 0 & 0 & 0 & 1 & 0 & 0 & 0 & 0 & 0 & 0 & 0 \\
1 & 0 & 0 & 0 & 1 & 0 & 0 & 0 & 1 & 0 & 0 & 1 & 0 & 0 \\
0 & 0 & 1 & 0 & 0 & 0 & 1 & 0 & 0 & 1 & 0 & 0 & 0 & 0 \\
0 & 0 & 0 & 1 & 0 & 0 & 1 & 0 & 0 & 1 & 0 & 0 & 0 & 0 \\
0 & 1 & 0 & 0 & 1 & 0 & 0 & 0 & 0 & 0 & 1 & 0 & 0 & 0 \\
0 & 0 & 0 & 0 & 0 & 0 & 0 & 0 & 0 & 0 & 0 & 1 & 0 & 0 \\
1 & 0 & 1 & 0 & 0 & 1 & 0 & 0 & 0 & 0 & 0 & 0 & 1 & 1 \\
\end{bmatrix}
$$

图 4.2　SOC 产业化影响因素邻接矩阵

3)ISM 分析过程

在建立邻接矩阵的基础上，通过计算机的编程应用可以计算出可达矩阵，得出分区和分级结果，找出其强连接子集，从而得到 ISM。

在专家讨论进行之后，根据讨论结果进行分析和计算，合并并简化建立的 ISM，然后可以得出 SOC 产业化的影响因素 ISM，如图 4.3 所示。

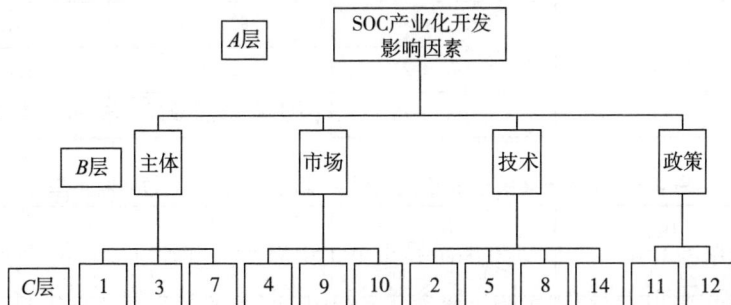

图 4.3　SOC 产业开发影响因素的 ISM

4)EAHP 分析过程

首先，可拓判断矩阵的建立和计算过程。

按照 A 层次的要求，可以由参与评价过程的四名决策者对 B 层次中的各项指标进行比较，然后进行打分并得出相应的评价准则，在此基础上得出可拓区间数判断矩阵 A，如表 4.2～表 4.5 所示。根据式(4.3)、式(4.4)计算各个评价指标相对于目标层次的可拓综合权重向量值。

表 4.2　决策者 1 对于 B 层次相对 A 层次的可拓区间数判断矩阵

A-B	B_1	B_2	B_3	B_4
B_1	<1，1>	<0.38，0.75>	<3.67，4.33>	<2.33，3.67>
B_2	<1.33，2.67>	<1，1>	<4.33，5.67>	<1.67，2.33>
B_3	<0.23，0.27>	<0.18，0.23>	<1，1>	<0.30，0.37>
B_4	<0.27，0.43>	<0.43，0.60>	<2.67，3.33>	<1，1>

表 4.3　决策者 2 关于 B 层次相对 A 层次的可拓区间数判断矩阵

A-B	B_1	B_2	B_3	B_4
B_1	<1，1>	<0.27，0.43>	<3.33，4.67>	<2.67，3.33>
B_2	<2.33，3.67>	<1，1>	<4.33，5.67>	<1.67，2.33>
B_3	<0.21，0.30>	<0.18，0.24>	<1，1>	<0.30，0.37>
B_4	<0.30，0.37>	<0.43，0.60>	<2.67，3.33>	<1，1>

表 4.4　决策者 3 关于 B 层次相对 A 层次的可拓区间数判断矩阵

A-B	B_1	B_2	B_3	B_4
B_1	<1, 1>	<0.43, 0.60>	<2.67, 3.33>	<3.33, 4.67>
B_2	<1.67, 2.33>	<1, 1>	<4.67, 5.33>	<1.33, 2.67>
B_3	<0.30, 0.37>	<0.19, 0.21>	<1, 1>	<0.27, 0.43>
B_4	<0.21, 0.30>	<0.38, 0.75>	<2.33, 3.67>	<1, 1>

表 4.5　决策者 4 关于 B 层次相对 A 层次的可拓区间数判断矩阵

A-B	B_1	B_2	B_3	B_4
B_1	<1, 1>	<0.21, 0.30>	<2.67, 3.33>	<2.33, 3.67>
B_2	<3.33, 4.67>	<1, 1>	<3.33, 4.67>	<1.67, 2.33>
B_3	<0.30, 0.37>	<0.21, 0.30>	<1, 1>	<0.30, 0.37>
B_4	<0.27, 0.43>	<0.43, 0.60>	<2.67, 3.33>	<1, 1>

由式(4.2)得

$$A^- = \begin{bmatrix} 1 & 0.32 & 3.09 & 2.67 \\ 2.17 & 1 & 4.17 & 1.59 \\ 0.26 & 0.19 & 1 & 0.29 \\ 0.26 & 0.42 & 2.59 & 1 \end{bmatrix}$$

$$A^+ = \begin{bmatrix} 1 & 0.52 & 3.92 & 3.84 \\ 3.34 & 1 & 5.34 & 2.42 \\ 0.33 & 0.25 & 1 & 0.39 \\ 0.38 & 0.64 & 3.42 & 1 \end{bmatrix}$$

求 A^-、A^+ 的最大特征值所对应的具有正分量的归一化特征向量 x^-、x^+，得

$$x^- = (0.253, 0.251, 0.244, 0.252)$$
$$x^+ = (0.258, 0.257, 0.231, 0.254)$$

由式(4.3)得

$$k = 0.904, \quad m = 1.030$$

再由式(4.4)得

$$S_1 = <0.229, 0.266>, \quad S_2 = <0.226, 0.265>$$
$$S_3 = <0.221, 0.237>, \quad S_4 = <0.228, 0.262>$$

根据式(4.5)得

$$V(S_1 \geqslant S_3) = 1.70, \quad V(S_2 \geqslant S_3) = 1.60, \quad V(S_4 \geqslant S_3) = 1.64$$

根据式(4.6)得

$$P_1=1.70,\ P_2=1.60,\ P_3=1,\ P_4=1.64$$

从而得到 B 层次四个指标相对总目标的单层排序为

$$\boldsymbol{P}=(0.286,\ 0.269,\ 0.168,\ 0.276)^{\mathrm{T}}$$

C 层次相对于 B 层次因素建立 12 个矩阵，通过利用 B 层次因素相对于总目标的权重向量值的计算方法，可以求出 C 层次要素相对于 B 层次要素的单层排序情况。对应得到的计算结果如表 4.6 所示。

表 4.6　C 层次要素相对于 B 层次要素排序计算结果

C 层次要素　　权值	C_1		C_2		C_3						C_4	
$\bar{\omega}$	0.444	0.182	0.343	0.086	0.342	0.375	0.792	149	0.869	0.881	0.112	0.087

其次，计算要素(各层问题)权重，如表 4.7 所示。

表 4.7　问题内容及权重

编号	1	2	3	4	5	6	7	8	9	10	11	12	13	14
内容	企业研发能力	技术含量	资金需求	产业化周期	技术研发风险	经济效益	控股程度	后续产品开发	市场规模	市场潜力	政策支持	相关法律	社会效益	技术机密性
权重	0.127	0.132	0.051	0.022	0.024	—	0.097	0.147	0.091	0.102	0.031	0.025	—	0.148

用上一层原因对问题的组合权向量得 C 层各原因对问题的综合权值 $\bar{\omega}$，即

$$\bar{\omega}^{(C)}=(0.127,\ 0.052,\ 0.098,\ 0.023,\ 0.092,\ 0.101,\ 0.133,$$
$$0.025,\ 0.146,\ 0.148,\ 0.031,\ 0.024)^{\mathrm{T}}$$

5)计算结果分析

通过 KIEA 方法的分析与评价可以看出，智能 SOC 芯片产业化与其他产品的产业化有很大的区别，同时从客户的角度出发，研究适合 SOC 产业化的新模式，所以 SOC 的产业化在主体、市场、技术、政策等方面都对企业提出了不同于其他产品产业化的新要求。

首先，在企业主体方面，SOC 芯片对企业的研发能力有很大的要求，这就要求在科研方面投入更多的经费；同时高校是国家科学技术最先进、最全面的部门，所以企业可以与高校合作进行研发。高校能在技术科研方面给予企业很大的帮助和支持，反之，企业可以给予高校在资金方面的资助。同时企业也要在自身方面完善科研机构和措施，弥补企业自身研发能力弱的缺点，扩大研发团队的整体实力。打造一支拥有综合技术并具有创新意识的队伍。只要具有其他企业无法

比拟的压倒性的创新和研发能力,那么,产品的成功研发和产业化的实现只是时间问题。在资金需求方面,方正集团是一个综合实力极强、资产雄厚的企业,同时政府和国家也会在资金方面给予支持。所以在规划产业化模式时候受到资金的影响是很小的,不是关键的影响因素。在控股程度上,SOC 芯片对控股权的要求较大,SOC 产品是我国自己的产品,一切创新和产业化的路线必须由自己把握,否则可能造成产业化的失败。如果企业与其他企业合作有可能造成产权纠纷,对产品的后续创新也极为不利,甚至造成技术泄露。企业在控股权问题上应慎重考虑。

其次,在产品市场方面,SOC 芯片要求尽快实现产业化,否则如果其他类似产品投入市场将对产品形成致命打击,我们的成果和劳动都会变得毫无价值。所以 SOC 产业化周期将在政府政策支持和企业研发资金大量投入的背景下极快地实现。因此,产业化周期对产业化模式的影响也变得微乎其微,不是其决定因素。SOC 芯片的主要市场是我国的各级地方政府、国家军队、各个学校及各教育部门、各地的国家机关、各个企业,甚至还包括某些对信息安全性和稳定性要求极高的个人。可以说 SOC 芯片的客户群是极为庞大的,而且在此之前没有任何产品将市场定位于类似的客户群,所以 SOC 芯片的市场规模是巨大的,也是竞争很小的市场领域,SOC 芯片满足产业化模式市场规模较大的要求。SOC 芯片的市场潜力是极为庞大的,几乎不存在智能 SOC 芯片类似技术的产品在销售,而且 SOC 芯片在安全性、稳定性方面遥遥领先于市场上其他产品。智能 SOC 芯片类似技术的研发是一项很庞大的任务,需要很长的研发时间。也就是说当产品投入市场时,即使其他商家想要转向这方面的发展,也需要相当长的时间去研发新产品。如果保持产品的领先地位,积极研发更先进、更领先的新技术。那么,在该技术方面的领先地位将会被牢牢把握住,在智能 SOC 芯片方面的技术将无法被替代,智能 SOC 芯片将独树一帜。同时,SOC 芯片的市场潜力还体现在其后续产业链的发展上,如果单纯的 SOC 芯片带来的效益是微乎其微的,而发展那些应用智能 SOC 芯片的电子产品,如 MP3、MP4、移动硬盘等后续产业链。在这些产品上取得创新,取得技术方面的领先和竞争优势,将使经济效益成几何倍数的提高,使产品占有更多的市场份额。

再次,在技术创新方面,SOC 芯片的技术含量是别的产品无法取代和比拟的。高校加入将极大地增强 SOC 芯片的科技含量,加之政府和企业自身高额的研发资金投入,相信 SOC 芯片在技术创新方面也将独树一帜。SOC 芯片在设计和研发时,就是本着以在信息的安全和稳定性方面的压倒性领先优势来实现产业化的。所以,SOC 芯片的技术含量是前所未有的,完全符合规划产业化模式时对技术含量的高要求。SOC 芯片的技术研发风险很小,因为其具有极短的产业化周期,风险就相对较小;SOC 芯片在技术上被取代的可能性几乎为零,也就减小了技术被取代风险；SOC 芯片面对的是与其他产品不同的特有的市场领域，从其特有的客户群的需求角度出发来确定产业化模式，它的设计与研发完全符合客户的要求；总之 SOC 芯片在技术研发风险方面是极小的，可以忽略不计。SOC 芯片同样需要在后续产品技术开发方面有着极高的要求。在智能 SOC 芯片开发出来之后，不能抛弃对产品的继续研发和创新工作。相反，更应当加大对产品创新的资金投入和技术投入。争取更好更多的创新成果。基于产品不打价格战的考虑，只有让产品在技术方面处于一直领跑的地位，才能在当今社会日益激烈的市场竞争中立于不败之地。一旦技术被别人赶超，对安全性和稳定性方面的创新相对的就不安全、不稳定了。也就相当于产品对客户没有了价值，将失去几乎全部市场，很难再有翻身的机会。同时，要对 SOC 芯片后续产业链进行大力度的开发与创新，进行附有 SOC 芯片新产品的研发和产业化。争取在现有的 SOC 芯片技术上取得更显著的成果。当今社会的 IT 技术都要求高度机密性，SOC 芯片技术作为核高基项目的主要内容之一，其对于技术的机密性也有着极高的要求。而 SOC 芯片技术面向的是政府、军队等国家重要部门信息安全性而设计开发的，如果技术泄露，首先整个项目就等同于失败，整个研发成果和投入将化为泡影。而更重要的是，如果技术被破解，国家的信息安全将毫无意义。政府、军队的信息安全关系到整个国家的存亡。如果技术被外国得到并进行破解，直接导致国家机密的泄露。所以，相对于国家的存亡而言，经济效益是微不足道的。所以 SOC 芯片要求技术的绝对保密，再加上对控股权的要求，严格要求企业不要和其他企业合作，更不能和国外企业合作。

最后，在政府政策和相关法律方面。SOC 芯片产品面向的主要客户是政府、军队及国家机关，是直接为国家的利益而设计研发的。所以，政府和国家理所当然地会在政策和相关法律方面给予大力支持，包括政策、资金、安全等方面的支持。所以 SOC 芯片产业化模式的规划受政府的影响是可以忽略不计的。国家和政府无论如何都会促进产品的研发和产业化。

6）客户关系分析

智能 SOC 芯片作为一项 IT 技术，与其他 IT 技术产品不同，智能 SOC 芯片有其特有的客户群。它的主要客户群体是政府、军队、国家机关、企业、学校、安全觉悟高的个人等，而不像其他产品一样面向广大群众。所以其产业化模式也不可能与其他产品的产业化模式相同。在此，首先对客户群体中的各个客户之间的关系进行分析，如图 4.4 所示。

众所周知，在当今社会政府是一切社会活动和工作的核心，政府依靠行政职能管理社会中的一切活动。社会各部门和每个社会成员也都要在政府制定的制度下规范行事。一切社会单位及社会各部门都与政府有着千丝万缕的联系。各个企业都是在政府的支持与合作下正常运行的，企业为政府创造了相当多的税收和社

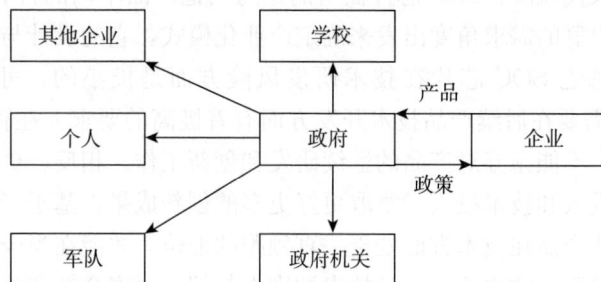

图 4.4　客户关系分析图

会效益，同时政府对各企业在政策等各方面进行扶持和资助。军队可算做政府机关的兄弟机关，政府是由国家设立来维持社会稳定和国家长治久安的。而军队则是由国家组建用以增强综合国力和国防力量的。军队在一定程度上保证政府各项制度的实施。两者有着相同的目的，本质上都是为国家安全稳定服务的，并且存在着密切的联系，同时在信息安全方面都有着同样的高度需求。国家机关正常运行也与政府的行政职能密不可分，国家机关在政府的监督下履行各种职能的同时也在为政府和社会创造巨大的福利，国家机关是政府维护社会长治久安的直接执行部门，信息安全对于国家机关同样重要。各个高校也是在政府的资金和政策孕育下设立的，人才是社会发展的最大动力，国家要进步、社会要发展就必须走人才战略。所以，为了社会的发展，政府定会对学校给予技术、资金等各方面的大力支持，同时学校也培养各方面的大量人才推动国家发展和社会进步，可以说学校是整个社会进步的源动力，同样在各所学校竞争的背景下学校的信息安全也至关重要。社会中的个人也是在政府管理下各个社会群体中的一个个体，个人在政府政策及法律法规下进行各种社会活动。个人受到政府保护的同时也受到了政府的制约，个人为社会创造财富的同时也得到了政府的福利。同时各个客户之间在现实生活中也存在着很多细微的联系，在此不一一列举。所以，政府才是整个社会的核心部门。

7)基于智能 SOC 芯片客户复杂网络的新型产业化模式

由于 SOC 芯片的客户群与其他产品大为不同，通过上述分析可知，特定的产业化模式都不适合 SOC 芯片产业化的实施。所以，在此规划一种新的产业化模式来实现 SOC 芯片产业化的实施，把这种模式称为"三动模式"(企业主动、政府推动、客户拉动)。

实施"三动模式"要做好产业化流程的每一步，才能保证"三动模式"的顺利实行，进而保证 SOC 芯片顺利实现产业化。

该项目对研发能力的需求较高，企业自身的研发能力却远远不够，而高校是各个方面人才积聚的地方，所以与高校合作无疑是最好最方便的选择。企业给予高校一定的资金支持，高校则向企业提供各方面的人才。企业可以选择一所优秀的高校，与其建立长期友好的合作关系。企业也可以在这所高校建立科研基地，对与自己有关的学科投入助学金，同时向学校捐赠一定数量的资金来促进其更好更快的发展。同时，学校的毕业生在毕业后可以到企业找到合适的工作。企业建立相应的科研机构，选拔优秀的各学科人才进入科研所，加大自身研发能力。

当企业开发项目时，要求企业与科研所、学校共同合作，企业为项目的研发提供资金支持，而科研所及学校则提供科研力量。为了提高科研人员的积极性，建议采用股份制。要求科研人员以技术的形式入股，企业以资金的形式入股，股份比例由双方商定确定。企业要向某一项目投入资金，应该分期投入，定期由科研所向其索取，并报告项目进展状况，以免一次性给其过多的资金，造成科研所对资金的滥用，这就为产品的研发与后续技术创新打好了基础。

由于该项技术的严格保密性，所以要保证 SOC 芯片每个环节的保密性，一旦 SOC 芯片技术泄露或被窃取，也就相当于整个 SOC 芯片项目的失败。如果在产品投入使用后，国外将 SOC 芯片的技术破解，那么所谓的安全性将不再起作用。将会给我国造成难以弥补的损失。对于国内企业，在技术方面不与其合作，在其他方面有选择的合作。

在此建议企业任用多个研发团队共同开发此项目，每个团队只负责 SOC 芯片一部分的研发工作，然后再由另一个团队将研发的各个部分进行连接，从而完成整个 SOC 芯片项目。这样的话，如果出现员工跳槽或技术泄露的情况，也只是技术的一部分丢失不会对整个 SOC 芯片项目造成太大的影响。因此，建议企业给科研人员尽量好的待遇，尽可能留住元老级的科研人员，因为新成员的加入可能要花很长时间来熟悉这个项目，对项目的进展也有一定量的延期。SOC 芯片研发成功后的后续创新服务工作有老员工进行研究也要比新员工更容易、更快地获得创新。同时，在某个项目研发成功之后，应该给予科研所一定数量的奖金，这样的话更能触动科研所科研人员的研发积极性，使他们更好更快地为企业创造更多的科研成果。

智能 SOC 芯片的主要客户群之一就是政府，政府更是社会的核心部门。所以，SOC 芯片的产业化模式如果以政府为核心展开更容易取得成果。具体实施过程如下：可以在许可的范围内，在产品研发出来之后给政府适当的优惠，在政府的政策扶持下，在产品研发方面获得政府的资金和政策支持。建立长期的合作关系，以此来赢得政府的信赖。SOC 芯片产品在研发出来之后，可以先在政府部门进行试用。政府的信息安全和稳定关系到整个社会的长治久安，技术的安全和稳定性是前所未有的，所以，技术对信息的安全和稳定性的保证将会引起政府的绝对重视。长此以往，政府也会对 SOC 芯片产品产生绝对信赖。这时，就可以以政府为突破口向其他部门发展。

首先，企业虽然坚持经济效益最大化的目标，但考虑到一旦信息丢失造成的经济损失，比起用来提高自身信息安全技术方面的投资的花费要大得多。所以对于信息安全技术和产品，企业必定会在自身信息安全系统方面投入大量资金。企业是政府创造税收的主要部门，政府为了得到更多的税收，创造更多的社会福利，就必须给予企业大力的支持。其他企业也必定与政府存在支持和合作的关系，政府对其他企业技术方面的扶持也是对企业扶持的重要方面，所以，SOC芯片的技术可以由此推广到各个企业，同时还可以以广告等其他多种形式来宣传SOC芯片的产品。将 SOC 芯片产品逐步推向全社会。让 SOC 芯片产品被每个人关注，形成社会效应，逐步实现产品的产业化。

其次，军队与政府的联系密切，军事力量是衡量一个国家综合国力的重要依据，军事机密也可算做整个国家的最高机密。一旦发生信息泄露，那么对国家造成的影响是无法挽回的，所以军队是最应该重视信息安全和稳定行的机关。依据政府和军队的联系，一旦政府有了先进的信息安全技术，那么政府首先应该把技术引入军队。所以，将此产品推向军队并不困难，只要 SOC 芯片的技术足够先进，其安全性和稳定性得到军队的信任只是时间问题。

再次，政府依靠其行政职能来管理国家机关，一旦信息发生泄露可能会对整个社会造成大的动乱。例如，银行一旦信息发生泄漏或丢失，损失就不能用数字来衡量了，所以国家机关的信息安全性也格外重要。国家机关作为政府的子产业，为全社会创造福利，政府一旦有了先进的信息安全技术，会毫不犹豫地将此技术推广到国家机关。

最后，学校是整个社会人才的摇篮，社会要发展、国家要进步就必须重视人才的培养。所以，政府肯定会给予学校资金和技术支持。在竞争的环境下各所高校也开始注意到信息安全的重要性。而 SOC 芯片产品的主要受益人就是学校教师，教学资料的遗失将会对教学工作造成巨大的影响。所以政府在对各个高校进行资助的同时，也一定会将 SOC 芯片的技术引至学校，在学生和教师之间广泛推广。学生和教师作为一个巨大的社会群体，他们是先进技术的主要使用者，也代表着先进技术的发展方向。学生会作为各专业的人才走向社会的各个岗位，在不久的将来，SOC 芯片就可以依靠学生这一群体将产品推向全社会。

当 SOC 芯片研发成功投入市场后，仍不能放弃对产品的技术创新，因为一旦有一丝松懈，SOC 芯片产品的创新就面临被别人超越的危险。基于方正集团不打价格战的战略思想，公司完全本着技术的创新和高质量的服务来赢得客户的信赖。也就是说，一旦 SOC 芯片的技术被别人超越，那么 SOC 芯片将会失去几乎整个市场，所以对产品研发后的再创新一定要摆在企业各项工作的重中之重。

同时，SOC 芯片更应该重视产品所带来的产业链的创新发展，如果 SOC 芯片作为单一的产品投入市场，所创造的价值将会是微乎其微的。SOC 芯片要更多的投入 SOC 芯片所带动的产业链产品的创新和市场份额。如将 SOC 芯片用在移动硬盘、MP3、MP4、电脑等电子产品中，将会对这些电子产品产生质的影响，也将会使方正集团研发的这些产品在市场竞争中都获得较大的优势，为企业创造前所未有的效益。

在产品投入市场后，企业要加强将生产经销过程视作生态循环系统的产销一体化的"生态营销管理"。通过运用类似生态系统的方式，使主要生产厂家、供应商、客户，以及其他相互配合生产商品与服务的群体相互作用、相互连接、相互促进与依存，从而达到进行有效管理的目的，这一新要求也恰好满足了经营全球化、知识经济产销一体化、市场竞争激烈的新环境。"生态营销管理"的理念是把各方都作为生态系统中的一员，通过实行联合、渗透、共同开发市场等方式使大企业有效地分散了经营风险。

"人才激励管理"中的竞争化因素应该得到突出。企业诸多管理的最终目的都是对人的管理。因此，对人才的开发利用问题应该放在企业生存至关重要的位置上。为了适应知识经济的激烈竞争，企业必须建立内部人才激励机制。首先，在企业管理层中，应该设立"知识主管"或"智力资本主管"职位，通过这个职位进行对知识的快速收集、处理和保存，同时也大大加强了对人才的管理与使用。其次，"终身教育"，破格提拔任用优秀的人才开发制度应该得到实施保障。最后，企业的奖励及相应的分配改进制度。IT 技术产业的员工普遍具有较高的素质，因此也应该具有相对较高的收入；而相应的企业经营、技术方面的人才应该得到更高的收入，这样才能更好地激励其开发性和创新性，从而提倡激发个人潜能，重视实施能力作为企业人才管理的特色。

第 5 章

SOC 芯片产业化客户扩散机制

IT 技术成果要产业化,无论是技术推动型还是市场推动型产业化模式,都需要拥有客户。客户是 IT 技术产品实现产业化的关键,如何获得客户,怎样快速地推广品牌决定了产业化能否顺利进行。基于智能移动存储控制 SOC 芯片的移动存储设备是一个面向大众的 IT 技术产品,在进行市场推广时要采用广告宣传方式,但是广告只是让消费客户接受到这个产品的信息,并不是客户购买的决定因素,而客户需求才是客户购买的决定因素。对于普通大众,获取产品信息的方法还有另一种方式,即口碑。口碑通过消费者进行扩散,口碑扩散对产品信息的可信度和说服力的作用不可忽视。随着网络的兴起,口碑在市场推广,客户开发方面发挥着越来越重要的作用。越来越多的企业采用将广告推广与口碑营销结合的方式进行市场开发。

■5.1 口碑扩散机制

5.1.1 扩散机制

扩散机制是指系统内部的各结构要素之间、功能要素之间及传输要素之间相互联系、相互作用的原理和方式。口碑扩散机制是产品的客户群体对产品选择、产品购买,甚至购前期望、使用前的态度、使用后对质量评价的信息交流的扩散机制。

5.1.2 口碑的概念

多年前企业界和学术界都发现这样一个现象,人际间的口耳相传和熟人间非正式的信息交流在很大程度上能影响消费者的产品选择、产品购买，以及购前期望、使用前的态度、使用后对质量的评价。基于此，在营销学中，对口碑已经进行了多年的研究，Arndt 最初将口碑定义为发送者和接收者之间的口头的、人对人的关于某个品牌、产品或服务的非商业性的交流[36]。Westbrook 指出口碑是指人与人之间彼此谈论特定产品的特性、使用经验或某服务的供应商，是一种非正式的沟通方式，并同时指出口碑是指消费者与消费者之间非正式的关于产品、服务以及提供产品或服务的企业的意见、想法等信息的交换、沟通和传递[37]。Swan 和 Oliver 简单地将口碑定义为告诉他人有关特定产品或服务的正面陈述[38]。综上所述，口碑的关键特点是非商业性。因此，口碑是客户群体之间是对产品或服务的一种非正式非商业的交流。

5.1.3 口碑的分类

根据效力，可以将口碑分为两种，即正面口碑和负面口碑。负面口碑是由于对产品或企业形象等不满意而去通知其他人避免购买的行为。正面口碑是由于消费体验良好或预计消费体验良好而向其他人进行产品或服务的推荐。在目标客户群体中，正面口碑的流行比广告更有效果，并且成本低廉。相对于正面口碑，负面口碑扩散更为广泛，对消费者的态度和行为有更大的影响力。负面口碑不但会损害企业短期利益，也会大幅度降低企业形象。口碑营销的一个重要任务就是尽可能地使正面口碑广泛流传，降低负面口碑的扩散。

根据介质不同，将口碑分为传统口碑和网络口碑。传统口碑主要通过客户之间的口口相传，扩散过程受众少、效率低、速度慢。网络口碑通过互联网扩散，波及范围广、扩散速度快、可存储、信息量大、成本低。随着互联网的发展和普及，网络口碑快速发展，通过网络来收集产品信息越来越被人们接受。有研究认为：较传统口碑，网络口碑具有较高的说服效果。由于网络的匿名性，不需要顾及太多利害关系，信息扩散者愿意提供及分享自己的经验，不论是正面还是负面。网络口碑的扩散动力在于客户是基于个人需求而主动搜寻的，对于接搜索到的信息认可度较高，因此更容易被视为可靠的。由于网络不受时空地理位置的限制，加上信息存储性，网络口碑扩散效果远远超过传统口碑。

5.1.4 口碑扩散网络

口碑扩散网络是指商品信息扩散网络，它作用于客户关系网。这里的客户是指商品的目标群体，口碑是人与人之间的关于特定商品或服务的信息扩散。人的社会属性决定任何人都离不开与其他人交往。在人的交往活动中，人们之间传递和交换各种各样的信息,产生了人与人之间的社会网络。当一个社会网络传递的信息是关于商品或服务的购买与使用时,这个社会网络就是口碑扩散网络。

口碑网络作用于社会网络中,是社会网络的组成部分。有研究显示,社会关系网是个复杂网络,同理,口碑扩散网络也是个复杂网络。在客户群体网络中,每一个客户都可以看成网络中的一个节点,客户之间可能具有某种关系,如同学、同事、邻居、亲属等,从而客户之间可能发生信息扩散,抽象成复杂网络可以看做网络的两个节点间存在一条边。需要强调一点,随着互联网的发展,顾客之间的关系强度并不是判断客户之间存在联系的依据,只要客户间可能发生口碑扩散,那么就可以认为这两个节点是联通的。

一个企业的客户之间存在关系,客户之间会发生关于商品信息的扩散,扩散的内容,使用的言辞、语气、态度等,构成了口碑。图 5.1 为客户口碑扩散网络基本形态,其中客户用节点表示,客户之间的关系用连线表示。

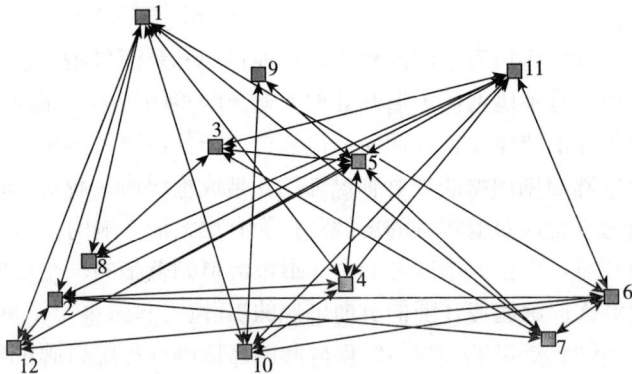

图 5.1　客户口碑传播网络基本形态

5.1.5　口碑扩散的影响因素

口碑传播的过程中,存在着很多影响因素。其中最主要的几方面就是口碑接受者的主动需求性、传播双方的关系强度、感知风险、扩散者的信息可靠性、接收者本身对产品或服务持有的信息。

1)口碑的主动搜寻

口碑并不仅仅是被动的信息告知,很大程度上是客户在主动寻找口碑信息。口碑扩散是一种双向沟通,有学者认为,口碑扩散过程中扩散者和接收者都是主动的。关于产品、服务信息的对话经常是在询问中发起的,接受者对于主动寻找的口碑信息认可度也较高。接收者主动搜寻口碑的行为是口碑扩散过程中的一个重要组成部分。

2)关系强度

口碑扩散发生在关系网络中，需要关系这个媒介进行扩散。没有关系就不会发生口碑扩散。口碑扩散网络是由参加口碑扩散的客户组成的，客户与客户的关系是一种基本的影响力，这种影响力称为关系强度。所以，关系强度就成为影响口碑扩散的一个重要因素。亲密(intimacy)、支持(support)、紧密(closeness)和联系(association)被 Frenzen 和 Davis 看做这个要素固有的四个人际维度[39]。

3)感知风险

早期研究发现，感知风险能促进消费者信息搜寻的主动性。20 世纪 90 年代以来，在服务环境中风险所充当的角色不断被强调，这是因为服务是无形的、无标准的，服务消费具有较高的风险。顾客在购买服务时，往往比购买产品时更能感知到风险。Arndt 认为，降低风险的一个有效途径是顾客频繁通过口碑扩散得到有关产品或服务的信息[36]。1991 年，Murray 认为口碑是降低风险最重要的信息来源，并且能够在很大程度上影响消费者。

4)扩散者的信息可靠性

消费者在寻找口碑信息的时候，倾向于向中立的权威，以及在目标消费领域中具有专门知识或消费体验的人士进行相关信息寻找。扩散者具有专门知识或消费体验，或者扩散者被认为可能具有相关专门知识或消费体验，将增大客户向其主动寻求口碑信息的可能。此外，扩散者的专门知识和消费体验还会影响口碑接收者的购买决策。

5)接收者本身对产品或服务持有的信息

接收者本身对产品或服务持有的信息对口碑扩散也有很大影响。持有信息量多的人比持有信息量少的人主动参加产品信息搜寻的可能性低。在被动扩散中，对产品或服务持有信息量多的人的意见不太容易受到外来信息的干扰。

5.1.6　口碑扩散的结果

口碑扩散的结果主要体现在两个阶段——购前和购后。在购前决策阶段，消费者的购买行为可能会受口碑信息的影响；在购后评价阶段，口碑也会影响消费者的体验感受，使消费者对产品做出正面或负面的评价，进而影响口碑的后续扩散。

1)购买行为

消费者在购买产品或服务前倾向于寻找口碑信息。当口碑扩散信息与口碑接收者自身感知的产品或服务质量基本吻合，容易促使其产生与口碑信息一致的购买行为。当口碑信息与自身感知价值差别很大时，往往倾向于保留信息，寻找更多的信息，不断更正自己的感知评价，直到大致吻合。消费者在正面口碑作用下，会在有需求时购买传播者推荐的产品或服务，而在负面口碑作用下，消费者会放弃选择其产品或服务。

2）同向评价

当消费者所购买的产品或服务的现实质量与其预期的不一致时，受口碑扩散的影响，容易做出与口碑传播者一致的评价。

3）进一步扩散

当消费者感知到产品或服务质量未达到预期时，消费者会感到失望。如果达到或超出其预期，则会感到满意。失望或满意未必都会发生口碑扩散，只有当消费者接收的口碑信息与其消费经历相符合时，才会强化消费体验，从而产生进一步口碑扩散的冲动。

5.2　口碑效应机理及模型

口碑能够影响消费者的购买决策，但在影响消费决策的各种因素中，口碑只是一个间接影响量，它并不能直接决定客户的决策。口碑是一种信息，当一个客户获得关于某个需求产品或服务相关口碑以后，会根据自己的知识进行评测，然后进行决策。在研究口碑信息对决策的影响时，本节首先分析消费者的决策行为，这有助于理解口碑是如何影响购买决策的。

5.2.1　客户购买决策行为

客户的购买决策过程可以分为五个阶段，即认识需要、信息获得、评估选择决策、购买行为与购后评估。

1. 认识需要

消费者只有认识到自己需要某种商品或服务后，才会去选择和购买，对于高新技术产品，由于其创新性，可能需要通过宣传去诱发出客户认识自己的需求，这时，客户先获得一定的信息然后再认识到自己的需要。一般情况下，认识需要是消费者购买决策过程中的第一个阶段。

2. 获得信息

客户认识到自己的需要以后，便会去搜寻相关信息。当由信息诱发客户认识自己需要的情况下，客户认识到自己的需要，一般情况下仍然要去寻找更多的信息，用以降低消费风险。信息的来源渠道有主要有以下三个，即个人渠道、公共渠道和商品渠道。其中个人渠道和公共渠道就是口碑扩散的介质。这些渠道为客户网络中的节点创建了大量连接途径，使口碑在客户网络中广泛扩散。

3. 评估选择决策

在获得信息之后，就开始对目标产品的价值进行评估，做出选择决策。在消费者评估选择中，主要存在以下四种观点。

1）经济的观点

这种观点中，消费者通常都被认为能够做出理性的决策。由于消费者有自己的消费技巧、习惯和反应能力，拥有自己的价值判断方式，并且不可能在了解所有的可以获得的产品选择之后再做出最优选择，这种"经济人"的理论模型受到了很多批评。事实上，消费者通常并不愿意进行广泛的决策，他们更可能进行一个"满意的"决策。

2）被动的观点

被动的观点认为消费者行为总是受到自身利益和营销人员的影响。在这种观点中，消费者是冲动的、非理性的，营销人员可以利用一定的方法和手段来控制客户的购买决策。但如今消费者在很多情形下占据着支配性的地位，随着网络的发展，消费者很容易获得更多的产品被选信息，这都使营销人员的控制力逐渐下降，被动观点的局限性逐渐凸显出来。

3）认知的观点

在认知的观点中，消费者被认为是一个思维问题的解决者。在消费者接受或者主动搜寻满足他们需求的产品与服务中，消费者是信息的处理者，对信息进行处理、加工、评价，进而形成自己的偏好并最终形成购买的意向。认知的观点也认为消费者不可能得到关于每个选择的所有可能信息。当消费者认为他可以做出一个"满意"决策时，他们就会停止信息搜索。

4）情绪的观点

情绪的观点认为消费者购买时的情绪与感觉，在很大程度上影响其购买决策。一般说来，在已经拥有对相关产品评价观点时，处在积极情绪的消费者会比处在消极情绪的消费者更有可能做出购买决定。

在本章中，采用认知的观点。当消费者接收到口碑信息时，对口碑信息进行加工处理评价，形成自己对此产品的认知评价。在存在购买需求的时候，根据自己对所有被选产品的认知状况，选择自己认为最好的进行购买。

4. 购买行为

当消费者对目标产品和服务进行了评价与选择后，在存在购买需要时，就会做出购买决定。

5. 购后评估

在消费者发生完购买行为后，其购买决策过程并没有结束，消费者在体验产品或服务的过程中，会将当前的体验与购买前的期望进行比较，评估自己购买的商品或服务是否满意，同时调整自己对这个产品或服务及产品企业品牌的认知，进而影响下一次的同类产品或服务的购买，同时有可能将自己的体验看法扩散出去，形成口碑扩散。

5.2.2　客户认知体验形成

客户认知是在客户知道的基础上对某一产品或服务的看法，是一个主观的价值评价过程。客户的购买行为受到客户对此产品认知的影响，当目标消费群体不知道企业的产品或服务时，即对此产品或服务没有认知，这时这个消费群体不会去购买这个企业的产品或服务。因为没有人知道这个产品或服务，消费者是不会把它放入自己的决策选择范围的。因此在高新技术产品或服务投入市场初期，企业必须主动推广产品或服务，并且联合运用广告、推销等手段使目标客户形成初始认知。只有有了初始认知，口碑扩散才会存在，而随机性的客户购买体验加速了口碑扩散，形成产品或服务的知名度。因此在市场建立初期，依靠广告推销等企业主导方式，经历了初期广而告知阶段，客户认知体验形成的口碑网络成为企业能否存活发展的关键。

5.2.3　客户忠诚影响因素

根据情感态度取向和重复购买行为程度不同，将客户忠诚划分为真正忠诚、潜在忠诚、虚假忠诚、不忠诚四个不同的层次。真正忠诚和潜在忠诚都具有较高的情感态度取向，二者的区别在于真正忠诚具有更高重复购买行为。虚假忠诚和不忠诚情感态度取向都不高，虚假忠诚由于惯性、便利性、无其他替代品等原因较不忠诚而言具有更多的重复购买行为，但并不可靠，容易受到竞争对手营销策略的影响。

客户忠诚受到很多因素的影响，主要包括客户满意、客户感知价值及转换成本，如图 5.2 所示。客户满意是指客户对某个产品或服务的体验效果与他的期望值比较后，所形成的感觉状态。满意度越高，客户再次购买的意愿就会增加，对企业更忠诚。客户感知价值是客户从所购买的产品或服务中得到的利益与购买和使用时所付出的总成本的比较，它在一定程度上影响客户满意。转换成本是客户选择变更到另一家供应商时所付出的成本，包括货币成本、时间成本、精神成本等。若转换成本很高，客户的重复购买率会很高，但这种客户关系并不一定牢固。

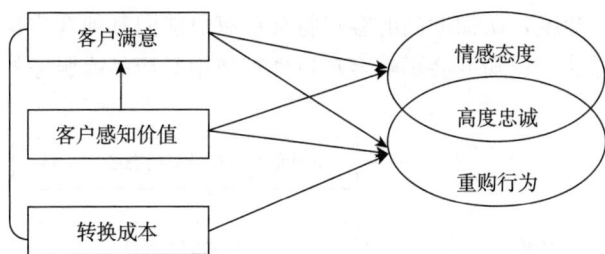

图 5.2　影响客户忠诚的因素以及作用

5.2.4　客户的认知和忠诚

影响客户忠诚的因素主要包括客户满意、客户感知价值、转换成本。口碑是一种关于产品或服务的信息，主要影响客户的购前评价判断和客户的购后评价，用另一种说法即影响客户满意和客户感知价值，即口碑通过影响客户满意和客户的感知价值来影响客户的忠诚。而客户认知又主要受到客户满意和客户感知价值的影响，因此，这里认为口碑通过影响客户认知来影响客户忠诚。客户忠诚可以分为情感忠诚和行为忠诚，而客户的情感态度反过来影响口碑的扩散效率和口碑的内容色彩，如图 5.3 所示。

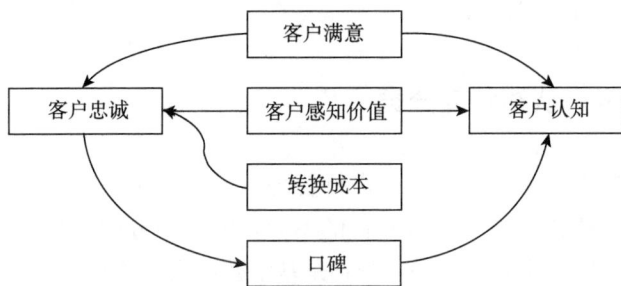

图 5.3　客户认知、口碑、客户忠诚的关系图

5.2.5　客户认知度的作用

对于同一种产品或服务，不同客户的认知有高有低，为了将其量化引入客户认知度这一概念。客户认知度是对客户认知程度的一个度量标准。客户认知度分为正认知度和负认知度，对于一个客户，正认知度会使其以一定概率向其他客户扩散正面口碑，而不会扩散负面口碑。负认知度的客户则相反，扩散负面口碑而不会扩散正面口碑。客户认知度的高低影响客户的口碑信息扩散概率，不论是正

认知度还是负认知度，认知度高的客户将会更有可能向其他客户扩散自己对这种产品或服务的感受。认知度会影响客户口碑扩散中对产品或服务的评价程度，如图5.4所示。

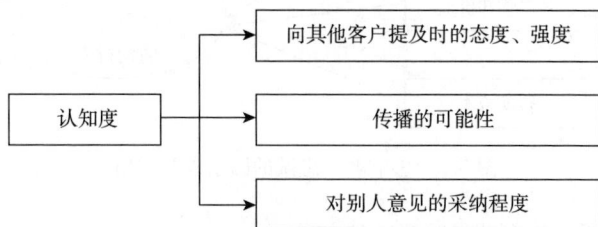

图 5.4　认知度对客户网络口碑的影响

对于口碑信息接收端的客户，其对此产品或服务认知度高低影响其接受口碑信息的程度，其认知度越高接受别人意见的程度越低。客户认知度是个感知量，不能直接测量出来，评测它需要通过一些指标进行分析。客户购买行为是决定客户认知度高低的关键因素，客户发生了购买行为，并拥有自己的购买体验才会获得较高的客户认知度。对于已体验用户，重复购买次数和购买后评价是评价其认知度的主要依据；对于潜在用户，客户所接受的正面口碑或负面口碑的比例是评测其认知度的主要依据。客户认知度可以为正，也可为负，本节将客户认知度范围区间规定为(−100，100)。

5.2.6　客户认知角度分类

在客户网络中，为便于对客户进行管理，需要按照一定标准对客户进行分类。客户分类方法并不唯一，研究目的的不同，客户细分的方法也不同。一般来说，客户细分的方法主要有四种，分别是基于客户统计学特征的客户细分、基于客户行为的客户细分、基于客户生命周期的客户细分和基于客户价值相关指标的客户细分。在本小节中，由于认知度在口碑传播者起着重要作用，这里基于客户的认知度进行客户分类，将客户分为忠诚客户、一般客户、潜在客户和负面客户。

(1)忠诚客户。这类客户对产品或服务很满意，认知度高并且认知度为正。一般情况下，少量负面口碑不会影响这类客户，并且这类客户向其他客户传播口碑的概率很高，并且感情倾向性强。忠诚客户是客户网络正面口碑的主要来源，对企业的发展起着重要作用。本章假设忠诚客户的认知度大于60。

(2)一般客户。这类客户体验过公司的产品或服务，他们对产品或服务基本满意，感情倾向一般，其认知度是正的，但比忠诚客户低。口碑对这种客户有一定的影响但不是很大,对其他客户的推荐率相对于忠诚客户低,情感评价也不如忠诚客户强烈。本章假定一般客户的认知度为20~60。

(3)潜在客户。这类客户基本没有体验过公司的产品或服务,可能听说过此产品或服务也可能没有,这类群体的认知度一般很低,可正可负,这取决于接收到的口碑信息及个人主观感觉。口碑对这种客户的购买决策影响很大。由于对此产品或服务没有了解,这类客户基本上不会传播口碑。本章假定潜在客户的认知度为-20~20。

(4)负面客户。这类客户也体验过公司的产品或服务,但对其并不满意,其认知度为负,他们基本不会再购买此产品或服务,客户网络中的口碑信息对其影响不大,并且在网络中传播负面口碑。本章认为负面客户的认知度低于-20。

在客户网络中,客户分类是动态的,在经常体验到失望后忠诚客户可能变成一般客户甚至负面客户,在企业的努力下负面客户也可能变成忠诚客户。客户管理的目的就是减少负面客户、争取潜在客户、发展一般客户、保持忠诚客户,如图5.5所示。

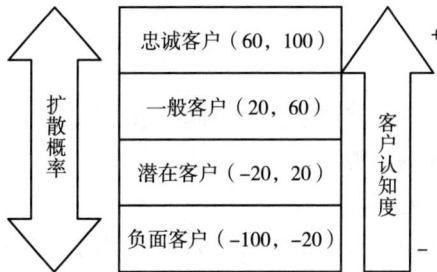

图5.5　客户认知度与客户分类

5.2.7　客户扩散的认知修正模型

客户的购买决策依据主要是认知,客户在产生需求的时候,会购买此时认知度最高的产品或服务。客户网络中口碑扩散的效果其实就是改变客户的认知,通过改变客户认知来影响客户决策。在一个客户网络中,对某产品或服务,客户 A 自己有一个认知度,在某些情况下,他会把他对这种产品或服务的意见、看法传递给与他有联系的客户 B。客户 B 在收到客户 A 的意见看法后,进行信息处理,对自己的认知进行修正,形成新的认知。在同一时刻中,客户网络中的每个客户都以一定的概率进行着口碑扩散,他们之间相互作用,认知不断地获得修正,如图5.6所示。

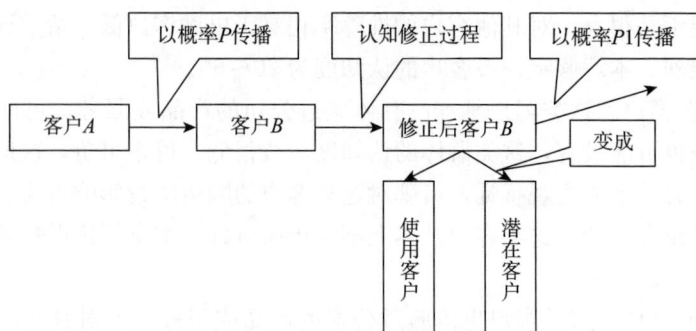

图 5.6　客户认知修正模型

1. 模型的基础假设

本节对 SOC 复杂客户网络扩散的认知修正模型假设条件如下。

1)封闭系统

除了口碑以外，企业等外在环境因素也会影响客户认知，而本模型研究的是口碑对客户认知的改变。

2)口碑效力衰减

当一个客户受到同一个客户的多次口碑扩散的影响，口碑效力会随着扩散次数的增加而呈指数下降的趋势。

3)客户认知度变化连续性

客户体验是影响客户认知的最主要因素，口碑的作用是引导客户去体验企业的产品或服务。客户基本不会因为口碑效应而发生认知度的跳跃式改变，一般只可能在相邻客户分类认知度范围内变化。

2. 相关的影响因素

SOC 复杂客户网络扩散的认知修正模型的影响因素有很多，本小节主要研究以下三种。

1)初始客户认知度分布

客户认知度是客户对某个产品或服务的综合评价程度，认知度会影响客户在需要产品或服务时的购买决策和向其他客户的推荐程度。初始客户认知度主要受公司广告、企业形象及客户特性等方面的影响。

2)客户网络的拓扑结构

口碑主要在客户群体中扩散，而客户群体可以抽象为客户网络，导致口碑在客户网络间扩散，这样必然受到复杂网络的拓扑结构的影响。一个客户如果没有相邻客户的联系，他也不会进行口碑扩散。客户在复杂网络中的连接程度反映了其在客户群体中的影响力。

3)客户的扩散概率

在复杂客户网络中，每个客户向其他客户扩散口碑的概率是不同的。扩散概率越高的客户更倾向于向外扩散自己的看法，在客户网络中的影响力越大。这里认为客户的口碑扩散概率会受到客户认知度的影响，认知度越高的客户态度更明确，更乐于扩散，同时其他客户也更倾向于向认知度高的客户进行主动信息搜寻。

3. 模型算法的描述

初始条件：对客户网络进行抽象，生成网络图 $G(V, E)$。对每个节点 $i \in V$ 赋予初始认知度 $R(i, 0)$。初始时刻 $t = 0$，进入第一个过程。

第一，在时刻 t，对于每个节点 $i \in V$，都在以各自的概率 $P(i, j, t)$ 向相邻节点 j 传播自己的认知，对相应的节点造成认知改变量 $R_c(i, j, t)$。

$$P(i, j, t) = f[P_{\max}, R(i, t), R_1(i, j)]$$
$$R_c(i, j, t) = g[R(i, t), R(j, t)] \tag{5.1}$$

其中，$R_1(i, j)$ 表示节点间的关系强度。完成后进入第二个过程。

第二，$t = t + 1$，修正认知度 $R(i, t) = R(i, t-1) + \sum R_c(i, j, t-1)$，进入第三个过程。

第三，如果 $t = T_{\max}$，则计算结束，如果不是，重新进入第一个过程。

5.3　复杂客户网络下口碑扩散仿真分析

客户网络既有小世界特性也具有无标度特性，是一个复杂网络。本节分别用 WS 小世界网络和无标度网络来模拟客户网络，并进行口碑扩散仿真，来研究客户认知变化。

在这之前，首先要确定客户的认知度分布。一般情况下，在一个企业面对的客户群体中，潜在客户和一般客户占大多数，忠诚客户和负面客户相对较少，因此，在这里假定客户的认知度符合正态分布，并生成了 100 个客户的认知度数值，如图 5.7 和图 5.8 所示。

口碑对客户认知度影响力与扩散者的认知度成正比，与接收者的认知度成反比，并且口碑在同两个客户间的扩散随次数效力逐渐衰减，同时客户认知不会根据口碑大幅改变，因此得到下面一个经验公式[式(5.2)]。

23	46	−77	−18	−20	−33	1	69	6	57
−20	8	−23	31	−2	27	35	5	43	100
29	8	44	10	−36	27	8	−3	59	82
−13	12	−24	35	−86	47	17	18	56	−3
3	−43	−58	−20	19	−14	−45	51	−20	8
8	−2	24	−3	−58	−33	18	−42	−6	−30
−39	−33	−8	15	3	50	−2	−53	8	11
21	28	59	−14	18	7	−15	93	−2	−48
79	21	−37	33	59	−28	13	2	−38	55
7	29	−21	−18	20	12	82	−3	96	68

图 5.7　假设客户网络认知度分布表

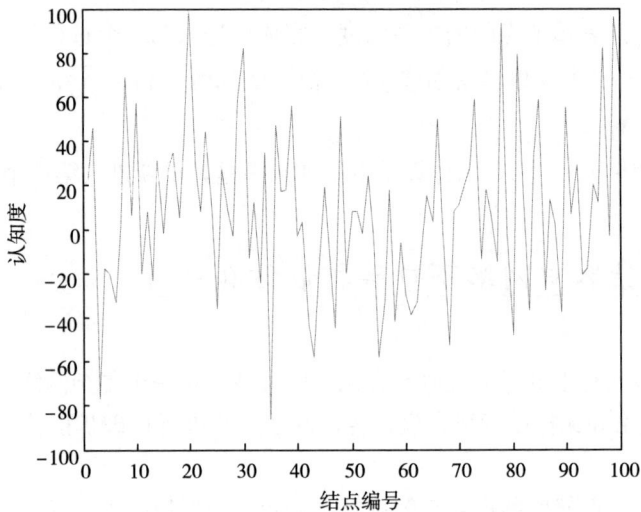

图 5.8　客户网络节点认知度分布图

在 t 时刻，客户 i 对客户 j 认知度改变量公式为

$$R_c(i, j, t) = \min[\,|R(i, t)/R(j, t)|,\ 20\,] \times \frac{R(i, t)}{|R(i, t)|} \Big/ N^2 \quad (5.2)$$

其中，$R_c(i, j, t)$ 为在 t 时刻客户 j 受到客户 i 的口碑信息而造成的认知度的改变量；$R(i, t)$、$R(j, t)$ 分别为客户 i 和客户 j 在时刻 t 的认知度；N 为模拟开始到时刻 t 客户 j 获得客户 i 口碑信息的次数。

客户 i 与客户 j 存在直接联系，在时刻 t，客户 i 向客户 j 传递口碑的概率为

$$P(i, j, t)=\text{CS}(i, j)\times\text{abs}[R(i, t)/]100\times P_{\max} \tag{5.3}$$

其中，$\text{CS}(i, j)$ 为客户 i 与客户 j 间的关系强度；$P_{\max}$ 为客户间的最大传播概率。

当客户 i 与客户 j 之间的关系强度为 1 时，传递概率为

$$P(i, j, t)=\text{abs}[R(i, t)/]100\times P_{\max} \tag{5.4}$$

5.3.1　小世界客户网络认知修正模型仿真

1. 小世界客户网络构造

Watts 和 Strogatz 在 1998 年提出了 WS 小世界模型[40]，这个模型的构造算法如下。

(1)建立一个含有 N 个节点的最近邻域耦合网络，它们围成一个环，其中每个节点都与它左右相邻的各 $K/2$ 相连，K 是偶数。

(2)以概率 p 随机地重新连接网络中的每个边，但任意两个不同的节点之间至多只能有一条边，并且每一个节点都不能与自身相连。

本小节生成含有 100 个节点的 WS 小世界客户网络，其中初始连接节点数 $N=10$，$K=10$，重连概率 $p=0.2$。小世界客户网络结构图如图 5.9 所示。

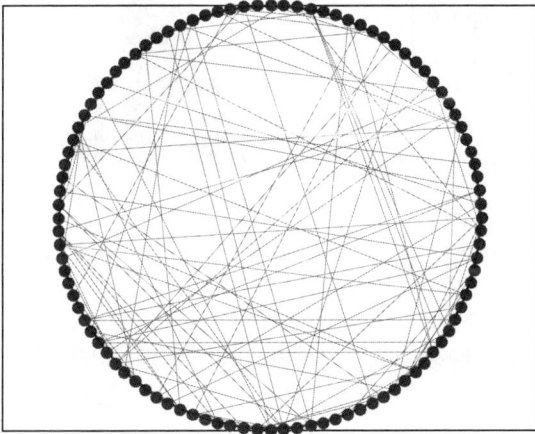

图 5.9　小世界客户网络结构图

2. 网络的相关统计参量

1)度与度分布

对于节点 i，网络中与其直接相连的其他节点的数目，称为节点 i 的度 k_i；图 5.10 为小世界客户网络节点度的大小分布图。

网络中所有节点的度的平均值称为网络的平均度，记为 $<k>$。在这里，

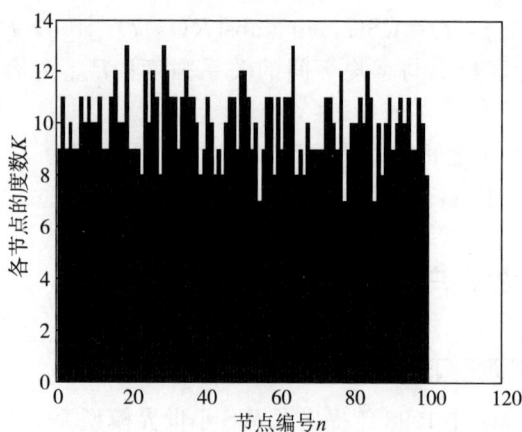

图 5.10　小世界客户网络节点度的大小分布图

$<k>=10$。图 5.11 为网络中节点度的分布情况。

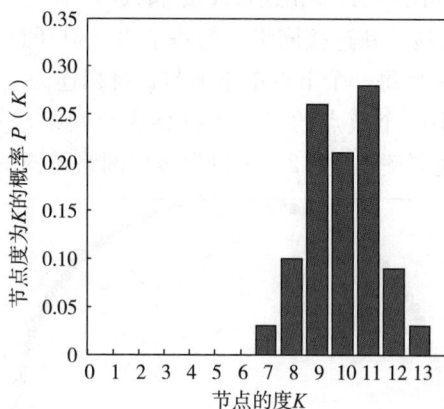

图 5.11　小世界客户网络节点度的概率分布图

2) 平均路径长度

平均路径长度是指网络中任意两个节点之间的距离的平均值，这里平均路径长度为 2.509 7。

3) 聚类系数

聚类系数反映的是节点的邻居之间的连接关系，即当网络中两个节点能通过一个节点连接时，这两个节点直接相连的概率。在这里平均聚类系数为 0.395 07，即当两个节点与同一个节点相连，他们有 39.507% 的概率也有边相连。

3. 模型仿真结果及分析

仿真设定结束时间为 50，输出的结果为 $T=50$ 时的客户的认知度。在

5.2.6 小节中,将客户分为忠诚客户、一般客户、潜在客户和负面客户。为了便于分析,在仿真结果中根据客户的认知度按上述分类进行了整理。仿真结果如图 5.12 所示。

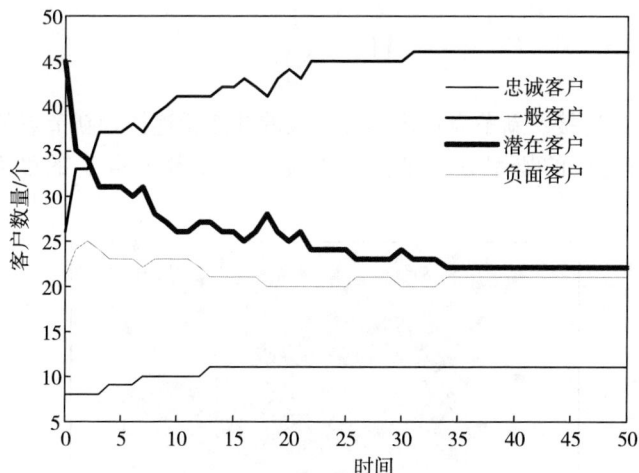

图 5.12 小世界网络下客户数量随时间变化图

由图 5.12 可以得出以下几方面内容。

首先,各类客户在时 $t=35$ 时数量达到稳定,没有变化趋势。在不考虑企业等外界环境干扰及客户新近体验情况下,口碑对认知的影响力逐渐下降,也就是说,口碑信息仍然在客户网络中传播,但客户的认知会逐渐固定,系统趋向于稳定。

其次,潜在客户数量减少,负面客户和忠诚客户的数量基本没变,一般客户数量增加。在仿真初始认知度上,拥有正面认知度的客户占绝大部分,从而在这个网络中正面口碑占据绝大部分,客户接受到正面信息的概率大。潜在客户的认知度低,容易受口碑效应的影响,在正面口碑的作用下,潜在客户认知度上升,增长到一般客户认知水平,因此这里潜在客户数量减少,一般客户数量增加。负面客户和忠诚客户的认知度基本没变,这是因为他们的原始认知度的绝对值很大,对企业的产品或服务有了很深的自我体验,口碑效应对这类客户的影响不显著。

5.3.2 无标度客户网络认知修正模型仿真

1. 无标度网络生成模型

在很多真实网络中,网络具有增长特性和优先连接特性,Barabasi 和 Albert

看到了这点，提出了 BA 网络模型[41]。其构造算法如下。

首先，网络增长。从一个具有 m_0 节点的初始网络开始，每次引入一个新的节点，并连到 m 个已存在的节点上，这里 $m_0 > m$。

$$\prod_i = \frac{k_i}{\sum_j k_j} \tag{5.5}$$

其次，优先连接。新节点优先与度值大的节点相连接，新节点与一个已经存在的节点 i 相连接的概率 π_i、节点 i 的度 k_i，以及节点 j 的度 k_j 之间满足图 5.13。

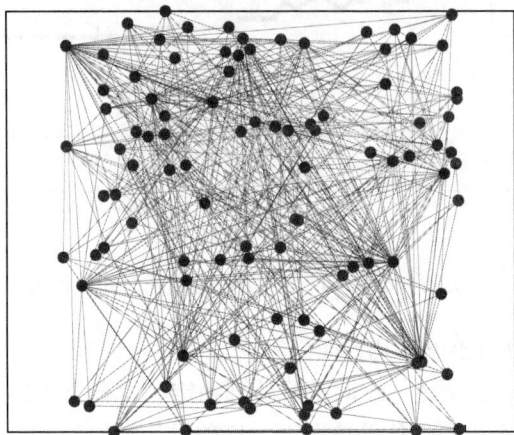

图 5.13　无标度客户网络结构图

在这里生成节点数 100 的无标度客户网络，按其中初始节点 $m_0 = 10$、$m = 5$，初始网络为完全图，其网路结构如图 5.13 所示。

2. 网络的相关统计参量

(1)求度及度分布。生成的 BA 网络平均度为 9.34。度分布情况如图 5.14 所示。

(2)求得的平均路径长度为 2.212 7，如图 5.15 所示。

(3)求得的聚类系数为 0.255 14，如图 5.15 所示。

3. 模型仿真结果及分析

仿真条件如同小世界客户网络，得到仿真结果，如图 5.16 所示。

结果分析：经过一段时间，各类客户的数量趋于稳定，忠诚客户和负面客户的数量基本保持不变，潜在客户数量减少，一般客户数量增加。出现这种情况的原因和 WS 小世界网络一样。但演化过程及模拟结束时各类客户的数量不同，这主要是由于网络的拓扑结构和模拟过程中的概率选择不同。

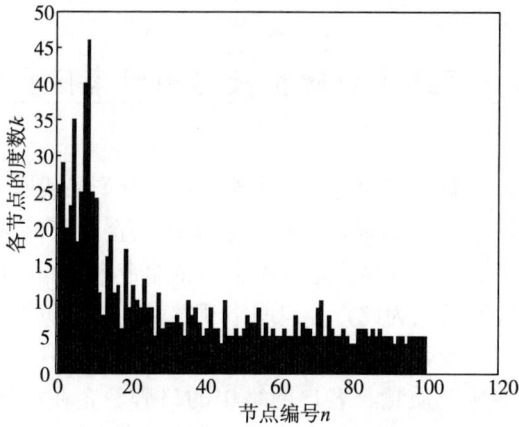

图 5.14　无标度客户网络节点度的大小分布图

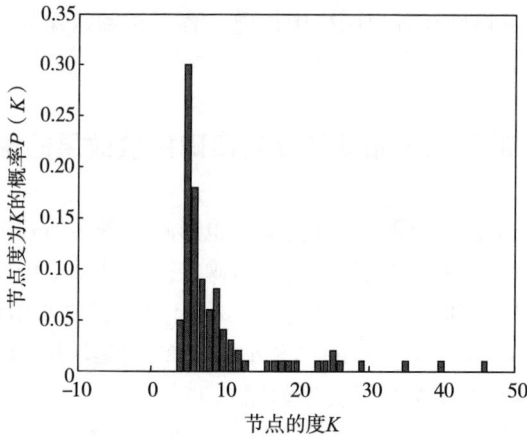

图 5.15　无标度网络节点度的概率分布图

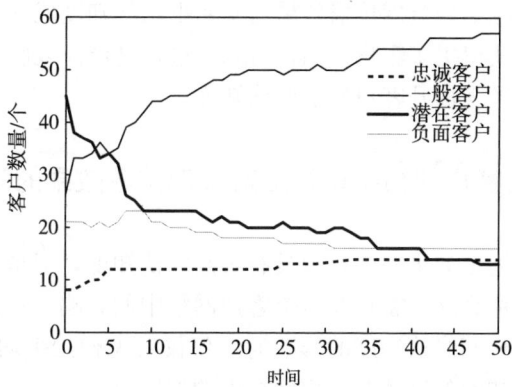

图 5.16　无标度网络下客户数量随时间变化图

5.4 复杂客户网络下口碑扩散影响因素仿真分析

在市场机制下，只有能获利的产业才能发展，其产品或服务必须被客户购买才能获利。在客户网络中，忠诚客户和一般客户是企业产品或服务的主要消费者，是企业的利润来源，负面客户基本不会给企业带来利润，反而会由于其负面口碑扩散而损害企业利益。为此，客户网络开发就是减少负面客户，保持忠诚客户、促进潜在客户向一般客户和忠诚客户转变，也就是提升客户的认知度。客户的认知度受到产品或服务质量、客户网络中的口碑、企业广告宣传等因素的影响。其中产品或服务质量、广告宣传是企业有目的的行为，是产生口碑的基础，但是口碑扩散不受企业的控制，它取决于客户的认知。这里口碑扩散的效果用客户认知改变量表示。口碑在客户网络中扩散，客户初始认知度、网络结构都对口碑扩散效果有影响。

5.4.1 客户的平均初始认知度对口碑扩散效果的影响

客户的初始认知度分布影响口碑传播，也影响口碑传播效果，这里假定广告和产品质量决定了客户平均初始认知度，口碑在这个基础上传播。在不考虑口碑传播期间客户购买体验和企业宣传等外在影响因素，客户初始认知度随机分布、在平均度为 10 的拥有 100 个节点的 WS 小世界客户网络中，初始平均认知度与演化时刻为 50 时客户分类数量的关系如图 5.17 所示。

由图 5.16 可以看出，演化后的一般客户和忠诚客户数量与初始平均认知度成正比，负面客户的数量与初始平均认知度成反比。由此可以推出：在客户网络抽象结构不变的情况下，口碑传播效果与初始平均认知度成正比。要提高客户网络口碑传播效果，获得更多客户认知，可以通过提高产品或服务的质量、塑造企业形象、广告等途径来提升客户的初始认知度。

5.4.2 复杂客户的初始认知度对口碑扩散效果的影响

在一个客户网络中如果一个客户具有很高的认知度，但是这个客户与其他客户的联系并不多，那么这个客户在整个客户网络中的影响也不是很大。因此，在预测口碑对一个客户网络认知度的影响时，仅仅考虑初始平均认知度并不充分，还要考虑具有高认知度的个体在客户网络中的位置分布。

在众多复杂客户网络的拓扑结构参数中，这里主要考虑的是节点的度和集聚

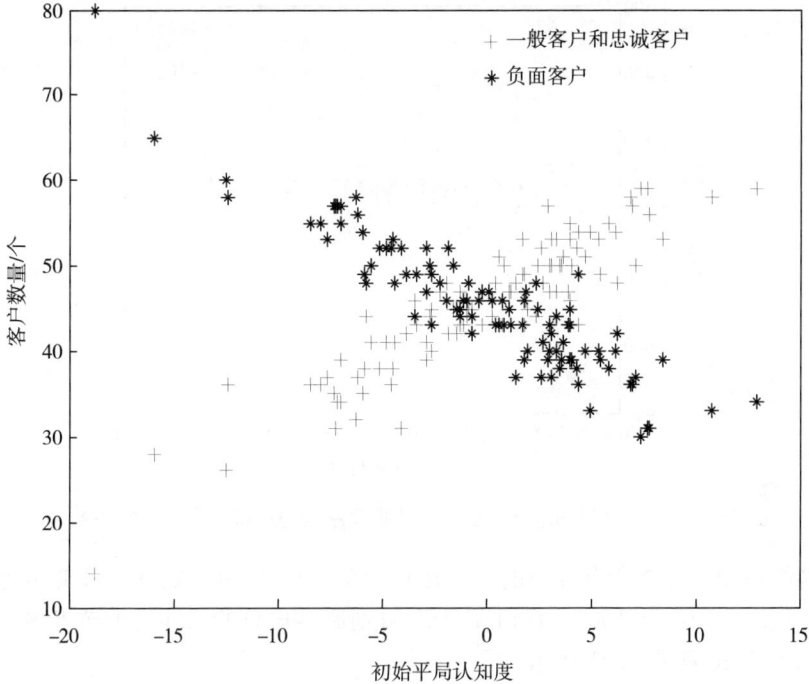

图 5.17　初始平均认知度与客户网络稳态客户数量的关系

系数，前者是形容节点在网络中重要程度的量值，后者则是形容网络的聚集程度的量值，如图 5.18 和图 5.19 所示。

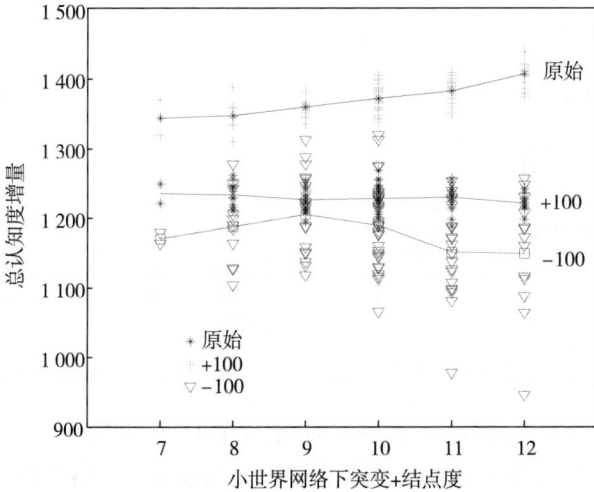

图 5.18　小世界网络下突变节点的度与总认知度增量的关系

为防止干扰，在这里对客户认知度分布和网络结构进行控制生成了这样一个

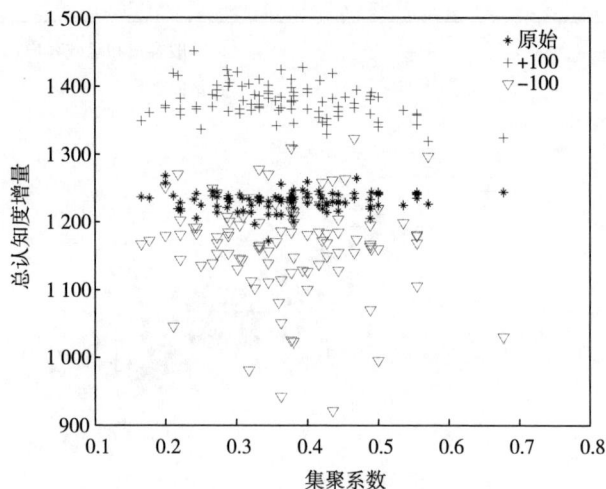

图 5.19 小世界网络下突变节点的集聚系数与总认知度增量的关系

客户网络模型：先将所有客户的认知度设定为 10，然后分别逐个改变节点的认知度，使之为 100(−100)，探讨 $T=50$ 时刻后客户总的认知度的改变量。实验结果如图 5.20 和图 5.21 所示。

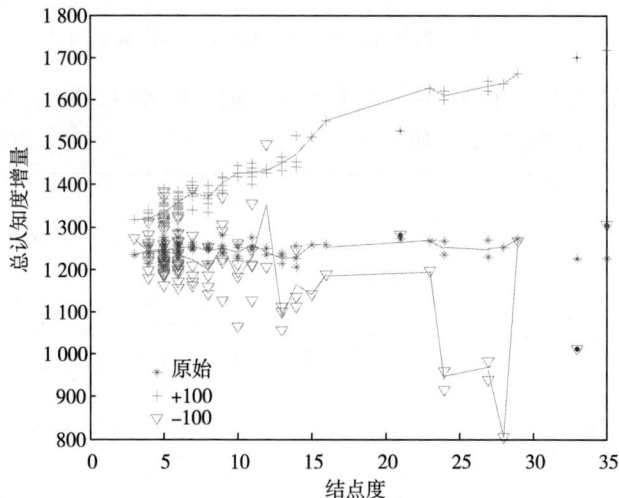

图 5.20 无标度网络下各突变节点的度与总认知度增量的关系

由以上结果可以看到，在客户网络中各个客户认知度都为正，没有外界环境干扰的情况下，网络的总认知度都大幅增长。当改变一个客户的认知度为 +100 时，客户网络的总认知度增量随着客户节点度数的增加而增加。当改变一个客户节点的认知度为 −100 时，虽然网络的认知度仍然增加，但相对于未改变的参照

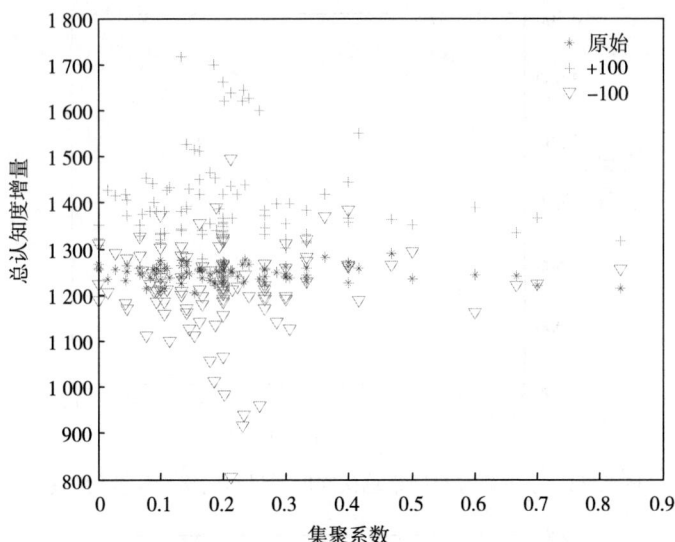

图 5.21　无标度网络下突变节点的集聚系数与总认知度增量的关系

序列，其认知度增量在整体上是减小的，并随着改变客户节点度的增加，总认知度增加量减小。在结果中还发现当改变一个客户节点使其认知度为−100 时，生成结果变得离散，波动性大，甚至有部分结果高于参照对象，这主要是由传播的概率性导致的；同时这也反映在客户网络中，当产品形象良好，客户普遍认知度良好的情况下，出现极个别的负面客户或者故意诽谤，其并不一定对整个网络产生负面影响。在集聚系数对客户认知度增量的影响图中，可以看到随着集聚系数的增加，客户认知度增量并未随之产生明显趋势变动，因此这里认为节点的集聚系数与总认知增量没有太大联系。

5.4.3　客户网络的平均认知度对口碑扩散效果的影响

本小节讨论在认知度分布一定的情况下（常数），客户网络平均度对口碑传播效果的影响。为了去除认知度在客户网络中的分布对结果造成的影响，假设客户的认知度都为一个常数（取值为 10），从而仿真结果如图 5.22 所示。

通过图 5.21 的结果发现，随着客户网络平均度的增加，总认知度增量随之线性增加。这反映了客户与客户之间的联系越多，口碑效应越强烈。其原因主要是在相同的传播概率下，平均度高的网络可传播的路径增多而使口碑活动更加活跃，从而认知改变量增加，如图 5.23 所示。因此，在一个认知度普遍为正的客户网络中，增加客户之间的联系路径也是加速口碑传播、提高客户认知度、增加客户购买可能性的方法。

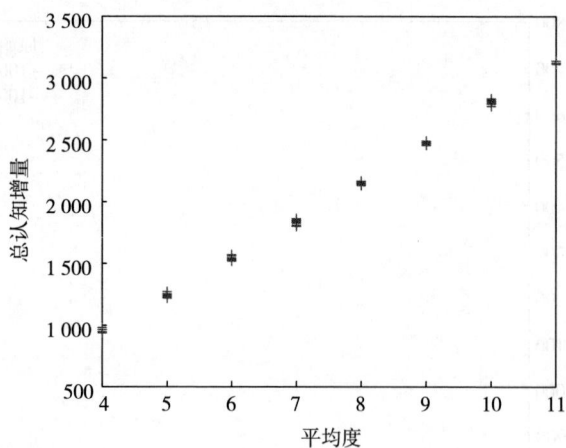

图 5.22　小世界客户网络总认知度增量与网络平均度的关系

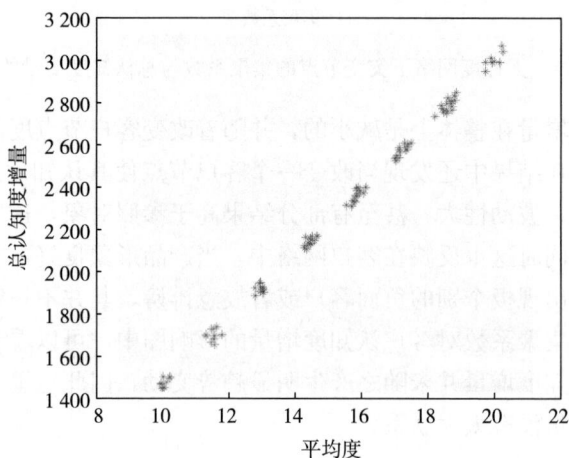

图 5.23　无标度客户网络总认知度增量与网络平均度的关系

■5.5　复杂客户网络口碑客户开发对策

5.4 节探讨了影响客户网络口碑传播的三个因数——客户初始平均认知度、客户初始认知度在客户网络中的分布与网络的平均度。客户初始平均认知度决定了客户网络认知度的发展趋势，在无外界因数干扰的情况下，初始平均认知度越高，则口碑作用下正面客户越多，负面客户越少。客户初始认知度在客户网络中的分布反映了网络中重要客户的作用。这体现在两个方面：一是客户的传播性，在本章所用模型中假设客户的传播性与客户的认知度成正比，认知度高的客户具有高的口碑传播性，在客户网络中越重要。二是客户网络的拓扑结构，一般认为客户节点的度越大节点越重要。当认知度绝对值高的客户同时在客户网络中具有高的度时，其对客户网络的影响最大。网络的平均度反映了网络联系紧密的参数，平均度越高，节点之间的联系越多，一个客户能影响和被影响的客户就越多，演化结果越具有波动性。在初始认知度分布没有波动性的情况下，平均度越高，总认知度增量越大。

企业为了获得利润，就要增加购买客户和减少负面客户，就是使客户网络的总认知度增加。根据上述分析提出以下三点对策。

首先，提高客户的初始认知度。这点主要是通过企业的品牌形象、产品服务质量、广告等方式实现。客户只有知道一个产品或服务才会向外传播。对于潜在客户，其初始认知的形成主要靠广告、口碑传播及企业形象综合作用。对于已经使用过企业的产品或服务的客户，其初始认知主要靠其体验。企业的初始认知度决定认知度的发展趋势，企业想要开发客户，必须从这点做起，没有良好的初始认知网络一切都是空谈。

其次，增加客户交流的机会。在做好第一项工作的基础上，增加客户之间的联系，能提高客户的认知度，进而影响客户的购买决策。

最后，把握重点客户。在客户网络中，尽量将正面认知度高的客户向其他客户进行推介，增加认知度高的客户与其他客户之间的联系。减少对企业产品或服务具有负面态度的客户与其他客户之间的联系。对于与其他客户存在广泛联系的客户要重点看待，对其不满及时处理、更正，尽量使其满意并鼓励其口碑传播。

任何一个产业，其经营的基本单元是企业，对于企业而言，客户是其最重要的利润来源。产业化是 SOC 产品研究与开发的高级阶段，在产业化过程中，如何获得客户、保持客户稳定是 SOC 芯片产业化能否成功的关键。研究 SOC 芯片产业化客户的复杂网络口碑扩散机制有助于进一步完善客户管理，维持现有客户、发展潜在客户，为智能移动存储控制 SOC 芯片产业化的实施铺平道路。

第 6 章

SOC 芯片产业化实施

SOC 芯片产业化实施是建立在 SOC 芯片产业化三动模式的基础上，保障 SOC 芯片产业化得以顺利进行提出的具体措施，通过对新模式的分析，主要从企业自动、客户拉动、政府推动三个方面研究 SOC 产业化的实施。企业自动是指加强 SOC 芯片的自主研发力度，增加研发投入，引进高技术人才，使自主创新能力得到充分加强。客户拉动是指通过对复杂客户网络的建立，促进企业进一步认识客户管理的规律，使企业对客户进行分类，针对不同客户的特点进行分析，提升产品和服务的质量，维持现有客户，发展潜在客户，提高客户管理绩效，提高企业整体竞争力，促进企业自身健康、高效发展。为 SOC 芯片产业化实施铺平道路，保证客户作为 SOC 芯片产业化实施过程中的最重要一环，必须得到重视。政府作为政策和相关法律的制定部门，同时也是 SOC 芯片的重要客户，在 SOC 芯片产业化过程中发挥着重要作用，智能 SOC 芯片的主要客户群之一就是政府，所以 SOC 芯片产业化实施过程中在政府的政策扶持下 SOC 芯片在产品研发方面得到了很多便利。在许可的范围内，在产品研发出来之后给予政府适当的优惠，来赢得政府的信赖。总之，在 SOC 芯片产业化实施过程中企业自动是基础，客户拉动是根本，政府推动是保障。

■ 6.1 企业自动是 SOC 芯片产业化实施的基础

企业开发是 SOC 芯片得以产生的基础，企业只有开发出新产品，才能为 SOC 芯片产业化的实施作保障。为了保证 SOC 芯片产业化的顺利实施，在企业自动方面，可以在以下几个方面研究 SOC 芯片产业化实施的对策。

6.1.1　增强自主创新能力

SOC 芯片的问世离不开企业的研发投入，企业是 SOC 芯片产业化的主体，符合时代发展的现代企业制度、雄厚的资金及物力投入和大量的高科技人才是 SOC 芯片产业化的先决条件。因此，这就需要研发企业有充足的经验和实力保证 SOC 芯片的成功研发和产业化的顺利进行。

北大方正集团有限公司拥有着雄厚的实力，企业注册资本达 100 000 万元。企业主营业务包括计算机硬件制造、系统集成和软件开发。企业主要业绩如下：在计算机硬件制造方面，方正电脑荣获政府颁发的"中国名牌"和"国家免检产品"称号，台式 PC 总体销量在 2003 年第三季度跻身世界前十名，同比增长率连续多年高于业界平均水平两倍以上。集团在 IT 硬件领域的发展策略不仅局限于扩大 PC 制造规模，而且适时向产业链的高附加值环节延伸。目前方正的 IT 硬件已基本形成了 PC、多层线路板、芯片的产业架构，连续六年保持了 PC 制造领域第二名的位置。拥有多项自主知识产权技术的打印机产品排名国内市场占有率前五位。

方正集团具有丰富的移动存储产品开发经验和优秀的企业资质、较高的人才素质和雄厚的技术力量，专业化的加工生产基地，以及完善的推广和服务体系。

在产品开发经验方面，方正集团不但积累了丰富移动硬盘、闪存盘、MP3/MP4 等移动存储产品的设计和开发工作，而且在 2004 年就开始参与国家移动存储标准的制定工作，是中国移动存储器标准工作组成立时的首批成员单位，负责主持国家移动硬盘通用规范标准的制定工作，同时参与其他三个标准的制定——包括闪存盘通用规范、便携多媒体音频播放器(如 MP3)通用规范、便携多媒体音视频播放器(如 MP4)通用规范。方正集团具有国家级信息安全产品的开发和销售资质；同时方正集团在软件领域是中国唯一拥有自主知识产权的品牌。曾以中文电子出版系统领导了中国印刷出版行业告别"铅与火"的历史变革，经过多年传承与发展，方正开发的多文种电子出版系统技术水平一直居于世界前列。方正融合多年积累的完善、成熟、领先的印艺技术与前沿的数码印刷技术，按照正规印刷规范进行设计的方正自主研发的方正印捷数码印刷系统，是业界领先、功能完善的中文生产型数码印刷系统，它将广泛服务于新兴的、快速成长的中文数码印刷市场，并进一步为全球的数码印刷用户服务。

在系统集成方面，在系统集成领域的网络建设、系统开发、网络安全、电子商务、数字版权与保护的研究与前沿新技术跟踪等方向具有优势。在政府、金融、公安、军队、税务、保险、证券、航空、电信、指纹、办公自动化、商业、邮政等行业或领域拥有成熟的系统集成应用技术与产品体系。

在人才和技术力量上，方正集团是国家首批六家技术创新试点企业之一，拥有国家级企业技术中心，目前集团 IT 业员工 2 433 人，本科及以上学历占 64％（不含生产工人），其中工程技术和系统研发人员 1 765 人，能够承担涉密安全系统集成业务的技术人员有 256 人，本科以上占 100％，同时集团有从事涉密集成项目的项目经理 55 人。方正集团具有较大规模的科研场地和先进的科研设备，专职从事软件开发的科研人员 50％以上获得硕士及以上学位。

在生产方面，方正集团拥有专业化加工生产基地。基地成立于 2003 年 8 月，注册资本为 1 亿元，坐落于苏州工业园区，总占地面积达 14 万平方米。苏州制造基地通过了 ISO 9001：2000 和 ISO 9001：2004 国际质量管理体系认证。

在推广和服务体系方面，方正集团拥有庞大的销售和服务网络——销售旗舰店面覆盖到了全国 330 余个地级地区，销售终端辐射到了全国 2 800 余个县级地区，同时服务网络覆盖全国的 30 个区域服务管理机构（台湾除外），100 多家客户服务中心，近 450 家授权服务机构和 3 000 余名经验丰富的工程师分布在全国 350 个主要城市，此外功能齐全、业内领先的客户联络中心还能为客户提供涵盖从售前咨询到售后服务的一体化全程服务。项目组成员大都参与过国家和地方的各类重大专项，有着丰富的设计经验和强烈的责任心，前期准备充分，有利于较好地完成本课题。

北大方正集团有限公司实力雄厚，有着很强的自主创新能力，并且能够最大限度地加大研发投入，这就需要北大方正集团充分发挥其自身优势，加大对 SOC 芯片研发投入，提高自主创新能力，确保 SOC 芯片研发成功，并实现 SOC 芯片技术产业化的顺利实施。

6.1.2　加快创新人才培养

人才是 SOC 芯片技术产业得以顺利发展必不可少的因素之一。在科技与经济突飞猛进的今天，世界各个国家、各个行业的竞争实质上就是人才的竞争，高科技经济实质上就是人才经济。一个国家要想使高科技产业得以腾飞，就必须要拥有世界一流的科技和管理人才。同样的道理，高新技术产业化的各个阶段，都需要各个方面人才的杰出贡献，尤其是在产品的研发阶段，一流的人才更为重要，因为他们知识渊博，而且一般都是相应方面的专家，更重要的是他们能敏锐地看到未来科技发展，并且能够主动学习并掌握管理方面的知识、才能，通过强烈的团队意识和竞争合作精神完成任务。在商品化和产业化阶段，懂得金融、通信、营销、法律、国际商贸及相关领域技术的复合型人才则更加重要。

人才的培养是实现 SOC 芯片产业化的根本对策。许多发达国家都拥有十分优秀的大学、研究院等高科技人才培养中心，如美国的斯坦福大学、加州理工学院、麻省理工学院、英国的剑桥大学等。近几年，美国和西欧主要国家的政府都通过采取提供充足的经费，搞学科交叉研究和加强与工业界的合作等措施来加强教育改革与民间企业结合，努力培养新型人才，而且如今美国经济创新的重要源泉之一就是移民科技人才[42]。发展中国家发展高技术产业的重要障碍之一就是相应人才的严重缺失。

企业要想在市场中生存必须与不同的竞争对手进行竞争，提高自己的市场份额。而 SOC 芯片技术作为北大方正集团一个重大项目，只有最终转化为产品，才能为企业带来经济效益、提高企业的竞争力，北大方正集团在 SOC 芯片产业化实施中加速人才培养，能很好地促进 SOC 芯片产业化实施。

6.1.3　满足客户独特需求

差异化战略就是指为使企业产品、服务、企业形象等与竞争对手有明显的区别，以获得竞争优势而采取的战略。这种战略的核心是取得某种对顾客有价值的独特性。差异化战略是实现 SOC 芯片产业化的一个重要途径，差异化的目标是发现顾客需要的独特性产品并为其提供，所以实现差异化的内容可以概括为：根据不同客户的实际需要，开发出具有其独特性的产品。

随着网络应用的深入发展，数据传输和存储成为日常必需的工作，产品的技术和研发将围绕着数据安全性能展开。最新的移动设备具有更大的储存容量和更强的互联网访问功能，也使移动设备上的数据信息面临更大的风险。面对这一问题，各大移动存储设备厂商的研发重点已不仅仅局限于产品的外观和功能，而更注重产品对数据的保护和产品安全性能。目前市场上对产品的数据保护基本上都是通过软件加密的方式实现的，伴随黑客破解密码技术的提高，使用这种方式加密的产品一旦丢失，口令容易被破解，安全性能已不能适应目前市场的需求和人们生活工作的需要，而硬件实时加密的技术能有效解决这一问题，利用硬件加密技术对数据进行加/解密操作，即便是产品丢失，数据也无法被破解，安全性能高，这项技术在国内市场上基本处于空白状态。北大方正集团在研发"智能移动存储控制 SOC 芯片"时，把实行产品差异化路线作为 SOC 芯片产业化实施的一项重要策略，由于 SOC 芯片在安全性方面有着其他移动存储设施无法比拟的优势，能够吸引更多的客户购买，可以很好地促进 SOC 芯片产业化实施。

■ 6.2　客户拉动是 SOC 芯片产业化实施的根本

SOC 芯片技术产生和发展的最强有力动因就是客户需求，同时客户需求也是技术发展的出发点和归宿，引导和制约着技术发展的方向。SOC 芯片复杂客户网络的建立及分析研究，是为了进一步完善客户管理，提高企业的管理效率，实现客户拉动 SOC 芯片产业化，为智能移动存储控制 SOC 芯片产业化实施铺平道路。

运用复杂客户网络研究成果来研究客户拉动对 SOC 产业化实施的重要意义具有以下几方面优点。

(1)促进企业进一步认识客户管理的规律。

客户管理如今早已成为企业生存发展的重要组成部分，客户关系管理(customer relationship management，CRM)已经作为一项独立的学科出现，我国企业的客户管理意识相比较之下还比较薄弱，为此学习并重视客户管理的知识已经刻不容缓。

(2)促进企业对客户进行分类，针对不同客户的特点进行分析，从而提升产品和服务质量。

客户管理的重要手段就是客户分类管理，因为在整个客户群体之中，大客户所占的比重要远远高于中小客户。因此，抓住重点，做好大客户的管理工作，包括及时了解大客户的意见与建议，满足大客户的各种合理需求等能够为企业赢得大客户的忠诚，促进企业的发展壮大[43,44]。

(3)有助于维持现有客户，发展潜在客户，提高客户管理绩效，提高企业整体竞争力，促进企业自身健康、高效发展。

对复杂客户网络的分析能够帮助企业提高客户管理效率，从而通过对客户管理手段的提高来提高企业的销售业绩。另外，企业通过复杂客户网络的研发可以最大限度地挖掘探索其潜在客户，充实了客户群体，就充实了企业产品的购买力量，进而促进 SOC 芯片产业化的实施。

为实现客户拉动 SOC 芯片产业化，通过复杂客户网络加强客户开发，为了对客户管理进行更好的管理，应从以下几个方面来探讨实现 SOC 芯片产业化的对策。

6.2.1 完善客户服务

客户服务是指企业推出产品面向客户时，要使产品符合客户的需求、在达到客户满意度的同时提高企业的价值，同时也可以把客户服务看做一种特殊的商品，所以企业追求发展的时候值得重视的一方就是客户服务。企业开展客户服务的主要意义是要通过客户服务区增加企业产品的销售量、达到客户的满意度和提高客户的忠诚度、维持好与客户之间的关系，从而实现 SOC 芯片产业化。

在当今的市场上产品逐渐同质化，若是企业想要获得客户的认同与信任就要以服务为主要的目标，企业通过与客户建立良好的信任关系，降低企业的风险。在当今，越来越多的企业已经认识到了客户服务环节的重要性，它不仅可以改变企业的形象，为客户提供更好的服务，还可以为企业增加其价值，所以提高和改善客户服务是企业追求的目标之一。客户服务理念、服务体系的构建，客户服务工作机制、支持平台的研究，客户服务对象、服务合作伙伴的选择与界定，在服务过程中相关信息的传递、控制，以及客户服务运作和相关支持系统的构建等，都是企业客户网络运行中会遇到的问题。为了实现 SOC 芯片产业化，通过运用复杂客户网络来实现完善客户服务，服务的框架结构可以概括为以下几个方面。

1）识别客户

在客户中运用各种手段去分析和评估客户的重要性及价值，从而识别出优先服务的客户，并为不同的客户制定不同的服务，针对不同服务类型做出不同的服务目标，尤其是对第一类客户服务，即为识别客户，也就是将客户服务从成本中心转变为利润中心。

2）设计与创新服务

设计与创新服务主要是根据企业对产品产业化的策略、竞争对手对客户服务的策略等方面来进行的。在这个过程中，企业要提高客户服务的质量，针对不同客户设计服务流程，并计算资源的消耗以及制定服务规则等。

3）决策服务

决策就是指通过对客户的识别、客户服务需求的分析以及不同服务资源和具体时间上对客户制定出不同的服务规则，对企业是否能给顾客提供服务做出决策，要安排好服务部与客户之间的对应关系，这个过程中除了要用少数的设备服务外，大部分要靠服务人员的参与。

4）执行服务

执行服务的功能是指企业的前台对客户不同服务的请求进行处理，根据决策服务中制定的规则做出相应的服务指令，按照设计好的服务流程，对指定的客户提供其满意的服务。

企业复杂客户网络服务的构架结构由以上四个方面构成，这四个部分是相互联系、相互支持的。其中最基本的两个研究对象就是"服务"和"客户"，在四个功能中，识别客户、设计与创新服务是对研究两个对象的分析和优化，而决策服务是在全面考虑企业内部、外部环境的基础上，根据识别客户、设计与创新服务，对在具体空间和时间上的客户服务进行安排与调整，执行服务则是按照不同的服务流程，对决策好的服务做出具体的执行工作。通过完善客户服务，使企业赢得更多的客户，而客户作为 SOC 芯片产业化实施的最重要一环，完善客户服务对 SOC 芯片产业化实施有着十分重要的意义。

在客户服务中会遇到很多问题，企业应该从不同的质量问题出发，从中找到服务上的差距，运用客户服务差距来建立模型，从而更好地分析服务中出现差距的具体问题，最终找到能够优化客户服务的途径。

以 Parasurama 为代表的学者把上面的体系发展成为一个 SERVQUAL 量表，这个量表由 22 个项目组成，且提出了服务质量的差异模型(图 6.1)，该模型不仅从企业的内部，而且还从企业外部出发，界定了服务质量中出现的五种差距[45]。以经验、客户的口头宣传、顾客的个人需求及顾客所得到的市场信息为变量，从而得出顾客的服务期望值。在以往的过程中，往往是由企业内部决策发展结果得出的经验，这些内部决策是企业管理者通过评估客户的需求和期望、确定客户服务质量标准，研究能够提供服务内容和开展外部市场营销策略的方案等所做出的。

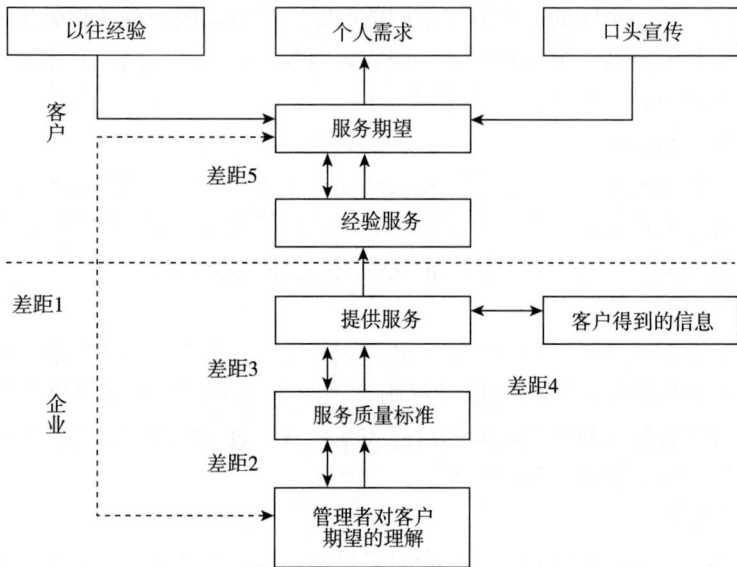

图 6.1　服务质量差距模型

如图 6.1 所示，差距 1 是指期望差距在客户对服务质量的期望值与企业的管理者理解客户期望的差距；差距 2 是指企业制定的服务质量标准和企业管理者理解客户期望值的差距；差距 3 表示企业为顾客提供的服务与企业制定服务标准的差距；差距 4 表示企业实际提供给顾客服务与承诺为顾客服务的差距；差距 5 则是客户期望的服务值与实际感受到的服务。从这五个差距出发去对提高客户服务质量进行管理是研究的关键。

对企业的产品产业化发展具有重要意义的方法就是，要从企业本身角度出发，优化客户服务管理，从中找到客户服务质量水平之间的差距。

(1) 通过找到问题，使企业更加了解复杂客户网络服务质量各个环节之间的差距，有利于发掘客户服务中的主要问题和漏洞，从这些问题的分析中，可以完善客户的服务流程，提高服务质量，从而到达客户的服务期望值。

（2）通过对问题的发现及改进，能够使企业及时、精确地改善服务的质量标准和规范等，通过新的标准和规范更好地满足客户服务的实际需要，为顾客提供真正优质的服务。

（3）企业看到的这些差距能够使企业从本质上去改善客户在接受服务的实际体验和感想，去实现客户价值，更好地为企业带来经济价值等。

下面就从北大方正企业所提供的 SOC 智能移动存储芯片以及其负责客户网络的特点进行分析，从中找出 SOC 芯片与复杂客户网络客户节点之间的服务差距，从而改进客户服务的差距模型，如图 6.2 所示。

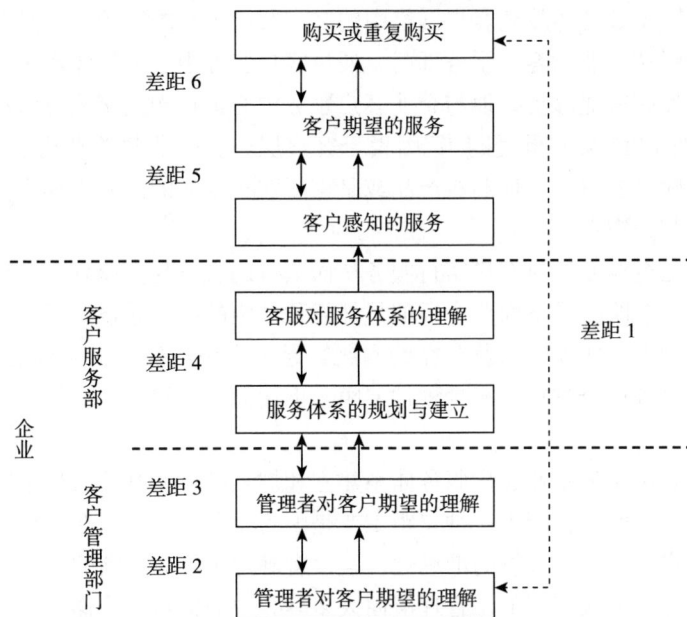

图 6.2　复杂客户网络服务差距模型

由图 6.2 可知，将企业划分为客户管理部门和客户服务部门，通过这样的划分可以更好地找到企业内部各个环节的差距，从而进行有效的改进。下面分别分析已找到的六个差距。

差距 1：企业通过客户服务而获得的收益与企业管理人员理解的客户期望之间的差距。

差距 2：实际客户服务体系建立与规划同企业管理人员理解的顾客期望之间的差距。

差距 3：企业建立的服务体系与企业中客户服务部门理解的服务体系之间在

沟通与认识上出现的差距。

差距 4：企业的客户服务部门理解的客户服务体系与具体服务措施之间的行为差距。

差距 5：顾客最开始期望的服务与客户实际感受到的服务水平之间存在的感知上的期望差距。

差距 6：客户实际购买或是重复购买行为与客户所期望的服务之间在忠诚度与满意度上的差距。

图 6.2 是在图 6.1 所介绍的服务质量原始差距模型的基础上提出的新的复杂客户网络服务差距模型，下面对 SOC 芯片的复杂客户网络的服务质量差距模型进行改善。

(1) 维持 SOC 芯片复杂客户网络中的客户服务体系决策的关键是客户层与企业层之间，强调企业的客户服务部门。通过客户服务中心来具体实施企业的客户服务工作，使顾客能够更好地与企业客户服务中心进行沟通交流等活动。

(2) 增加了"购买或重复购买"因素于客户层中。企业想要获得更多的利润，应该以期待顾客能够更多地购买产品或是重复购买企业的产品为客户提供服务的基本出发点与归宿点。

差距 1 是企业通过对客户实行服务从而获得的收益与企业管理人员了解客户期望的差距。差距 1 是下面要介绍的另外五种差距的综合效益。所以对于企业来说要综合地理解这些差距以及存在的问题，通过采用正确的、完善的服务策略，为企业提供服务这个过程中减少种种差距。下面简要介绍一下另外五种差距的特征以及内容。

差距 2 表示实际企业客户服务体系建立和规划同企业管理人员了解客户期望之间的差距。之所以会产生这种差距主要是因为企业相关部门在市场调研的过程中缺乏对客户需求信息分析的准确性，且没有确定正确和清晰的客户服务质量目标；企业内部管理效率低下、管理层面太多等导致的信息在传递过程中失去其原来的真实性，使得对服务提供的支持不足。由此可以看出设计性是客户服务质量具有的特征。

差距 3 是指企业建立的服务体系与企业的客户服务部门理解服务体系之间在沟通上和认知上的差距。差距 3 产生的原因是企业缺乏对客户服务相关部门人员的培训或是缺乏足够的人力、财力、物力的投资，从而致使企业在认识与沟通方面产生差距，使企业的客户服务部门对企业服务体系没有明确认识。若是企业的生产销售不能与客户服务部门建立有效的交流与沟通机制，使客户服务部门阐述了不正确的服务体系认识，就会导致客户服务部门按照错误的认识沟通机制对客户进行服务，若企业没有及时对错误认识加以纠正，造成企业对客户服务缺乏监管力度，同时在进行客户服务时缺乏对系统服务标准的支持力度。所以可以得出，理解性也是客户服务质量的特性之一。

差距 4 是企业的客户服务部门对服务的具体措施与体系理解之间存在的行为上的差距。客户服务部门没有遵循客户服务体系中建立良好的服务标准和方法为客户提供服务是产生差距 4 的关键因素。由此，可以看出，执行性也是客户服务的特性之一。

差距 5 是客户一开始期望的服务与客户实际感知的服务水平之间在认知上存在的期望差距。客户主观评价服务经历是客户感知的主要经历，而客户期望就是相对于实际经历的服务标准所产生的水平参考值。通常情况下，企业希望客户的期望与客户的感知保持一致，它们之间不会存在差距，也就是说客户在接受企业的正式服务时感知到的与其所期待的服务是一致的。但是在实际中，这两者往往存在着差距，所以可以得出，体验性也是客户服务质量的特性之一。

差距 6 是客户购买甚至是重复购买企业产品的行为与客户所期望的服务之间在忠诚度与满意度上的差距。企业使客户对服务达到满意的程度是通过提高服务去满足客户期望实现的，然而企业的最终目标不仅是希望客户能真正地去购买本企业的产品，还能够达到让客户重复购买的目的。但是往往客户对服务满意并不一定代表着客户能够对企业忠诚，因为他们之间不具有完全的统一性，所以可以说层次性也是客户服务质量的特征之一。

通过已经给出的 SOC 芯片的复杂客户网络中的差距服务，针对其差距服务特性进行分析，从而找到能够减少差距的措施和办法，使企业的客户服务质量水平有进一步的提高，进而促进 SOC 芯片产业化的实施。

（1）正确识别与分类不同的客户。

企业从客户的角度来看，其实每个客户都希望企业为自己提供独特的服务。若是企业能够根据不同客户的需求进行有针对性的交流与沟通，及时了解客户的基本信息，如个人资料、消费习惯与品位、喜好的服务类型等，这样就可以针对不同的客户做出具有针对性的服务，从而提高服务的水平，使客户更加忠诚于企业，进而能够缩小客户行为与其期望的服务之间的差距。

企业从自身的角度来看，不同的客户能为企业带来不同的利润。在复杂客户网络中，具有度值大的节点客户不仅可以为企业带来丰厚的利润，同样能够为企业带来潜在的客户，而那些节点度值较小的客户为企业带来的利润就较少，但是企业不能因此而忽视小客户，这些小客户很可能随着网络的动态变化变成度值大的客户。所以，企业应对客户进行精确的分类，针对不同的客户提供出不同的服务，实现客户与企业价值的最大化，为 SOC 芯片产业化的实施提供保障。

（2）正确理解客户服务请求并做出快速响应。

服务请求是由主动服务请求与被动服务请求两个部分构成的。主动服务请求是指企业以事先制定的现实条件为基础，定时地去对客户的基本信息进行扫描，且要及时地查看企业的营销状态，从中发现潜在的客户需求。企业必须对客户服务请求做出正确的理解及快速的反应，才能使信息在传递过程中更加真实，从而能够按照客户需求有效地进行服务，到达缩小客户期望与感知之间的期望差值。

（3）建立完善灵活的服务机理。

建立服务机理是以企业开展客户服务为基础，对客户服务质量的提高有重要的意义，主要包括两个方面：①完善服务标准，企业针对客户服务事件指定的基础性文件就是服务标准。服务标准能够将企业的服务内容分解为许多个服务内容，企业对这些服务内容的监控与完善，从而推动服务流程的改进。②改进服务流程，正确的服务流程是为服务网络的不同客户提供差别服务的必要条件。服务机理是针对企业的不同客户服务请求、不同客户类别，通过相似的服务内容划分不同的组合，改进服务流程，寻找适合的服务流程，满足不同的客户需求。

（4）客户服务资源的有效利用。

企业的客户服务资源的有效利用包括服务设备的现代化、服务人员的高素质、合格的客户服务部门等，缩小企业的服务措施与企业理解客户服务之间的差距，要求企业加强对服务设施、人员的管理，使一切服务资源按照规定的标准进行。

（5）可靠的服务支持系统。

企业要想将服务资源、服务的监控技术以及服务的机理联合起来，并从系统外部获得准确、及时的服务反馈信息，就要建立可靠的服务支持系统，从而有力地推动客户服务的发展，达到缩小沟通和行为的差距。

（6）服务监控技术的现代化。

在实施客户服务的过程中，企业需要进行全方位、不停歇的服务监控，主要是对服务进度、服务的事件等服务内容的监控，从中及时掌握服务中的偏差并做出及时的处理工作。当服务发生背离服务规则和标准的早期时间，企业可以借助现代化的服务监控技术去及时与客户服务部门进行交流，对服务的内容进行干预，使之保持正常运行，弥补行为与沟通的差距。

通过上述措施，企业可以将差距 1～差距 6 缩小，也就是说缩小企业通过客户服务获得收益与企业管理人员了解客户期望之间的差距，最终统一实现企业通过服务客户获得收益与企业了解的客户期望，为 SOC 芯片产业化实施服务。

6.2.2　加强客户管理

对客户管理从概念上可以分为以下三类。

第一类客户关系管理以客户导向为战略，企业对客户网络通过系统化的研究去改进客户的服务水平，从而提高客户的忠诚度以及不断争取潜在的客户，与此同时，企业要运用先进的信息处理设备高效地维持企业业务工作的完成，并保证企业的长期利润来源。这类特征就是从企业的战略管理以及宏观层面上去判断客户关系，其中缺乏明确的实施方案。

第二类客户关系管理的目标是以改善客户与企业之间关系为主的新型管理机制，它使用的领域很广，如销售、营销、技术与服务支持等，这种类型一方面通过为客户提供优质的服务来维持老客户，同时去吸引更多的潜在客户，从而增加企业在市场上的份额；另一方面通过企业的全面管理去降低成本，从而实现资源配置的优化。这种定义是从企业的管理模式与经营机制的角度来看的。

第三类客户关系管理是企业对技术投资区建立客户信息系统，这个系统的建立包括两方面，一是跟踪、搜集和分析客户信息；二是增加客户联系方式，通过这两个方面去加深客户间的互动以及整个网络的沟通渠道和企业后台的功能模块。这种系统由销售自动化、营销自动化和客户服务与支持等组成的。这类概念的定义是从微观的信息软件、技术以及应用的方面对客户关系管理来定义的。

为赢得客户较高满意度，建立并维持好与客户关系是客户关系管理的主要工作，它的主要内容有下面几个方面组成。

(1)分析客户关系，是指企业对复杂客户网络中的客户的信息进行分析，如中间商、制造商、个人购买者等，通过对不同客户的分析，获得不同的需求特征与购买行为喜好，对客户做出正确的评价，在此划分客户类型的基础上，再针对不同的群体实施不同的管理战略。

(2)兑现对客户的诺言，企业之所以对客户承诺是因为要明确企业到底是要为客户提供怎样的产品或是服务，提高客户的满意度是承诺的关键所在。在购买企业产品或是服务时客户总会面对各式各样的风险，如社会导向及心理压力、产品功能和质量、经济利益等方面的风险。所以，这些风险要求企业必须对客户做出一定的承诺，去尽量地降低客户的购买风险，满足客户的购买需求，从而达到购买的最佳效果。

(3)交流客户信息，这种信息交流是直接的交流，是以实现客户之间的相互关系、相关影响和相互交流为目的的。客户管理的过程在实质上就是指与客户进行信息交流，从而实现信息沟通的有效进行和开拓与客户之间的良好关系。

(4)评价客户关系，建立客户关系的基础首先需要取得客户的信任，同时也能保持和开拓客户的长期稳定。与此同时还需要对不同类型的客户关系以及特征来区分不同的客户，对客户关系进行分析，从而评价客户关系质量，对存在的问题及时采取措施，同时要建立不同的客户组织，提高客户对企业的信赖度，更好地维持企业与客户之间的友好关系。

(5)管理客户反馈，管理客户反馈主要是衡量企业对客户承诺的实现程度，在这其中及时发现企业为客户服务过程中的问题等。客户反馈管理的关键途径是客户的投诉和建议。企业只有正确地处理好客户的投诉与建议，通过合理的措施去抚平消费者的不满情绪。维护客户利益，从而保证企业与客户的良好关系等。

客户管理越来越受到企业的重视。客户管理的目的就是通过将企业的优势资源进行集中，根据所掌握的客户的需求和企业的发展需要，对客户进行分类，从而筛选出对企业生存和发展有重要战略意义的客户，对这类重要客户进行有计划有步骤的开发和培育，并与之建立稳定的、持续的良好关系，为企业赢得竞争优势，从而保障 SOC 产业化的实施。

企业为了保留客户，提高客户的满意度，使企业保留更多的老客户，并吸引新客户；拓展市场，使企业经营活动范围不断扩大，及时对新的市场机会进行把握，从而占领更多的市场份额；提高效率，使企业内部能够更加高效的运转，客户管理对企业开发客户的作用主要表现在以下几个方面：①客户管理对企业客户服务更加全面，使以前无法实现的功能应用成为可能，增加了客户服务的范围。②客户管理的内容范畴是非常广泛的，寻找潜在的客户并与之建立关系、产品的买卖及售后服务等诸多环节都属于客户管理的范畴。客户管理的唯一目的就是吸引更多客户，促进 SOC 产业化实施，要实现这一目的，企业必须坚持为每类客户提供"量身定做"的服务。

客户拉动是 SOC 芯片产业化实施的根本保证，通过分析客户的特征及需求，对客户群体进行细分，为不同的客户群提供与之相应的解决方案，依靠与众不同的客户服务来赢得客户的青睐；加强与客户的沟通与交流，从客户那里获取有价值的信息，并据此完善客户服务提高服务质量；在保持产品技术含量优势的基础上与客户建立彼此间的信任，使客户对企业形成客户忠诚度，增加企业的综合竞争力，为产业化实施铺平道路。

6.3   政府推动是 SOC 芯片产业化实施的保障

在社会主义市场经济条件下，SOC 芯片技术产业化的实施基础在于企业自动，根本在于客户拉动，但这并不意味着放弃或忽视政府的主导作用：①只有政府才能从宏观和战略的高度对发展战略、重点领域、技术政策以及各种重大关系做出选择，从而实现产业结构调整和技术水平提升的赶超行为[46]。②对于具有智力、资金、技术密集特性，且伴随着高风险的 IT 技术产业，需要政府承担重要的基础研究，投入和扶持 IT 技术企业，通过政府组织协调产、学、研的关系，建立既能减少风险又能促进企业研制 IT 技术产品的机制和政策环境[47]。这有利于发挥企业的主体作用，并加快自主创新产品的研发和实现产业化。

在充分发挥市场在资源配置中的基础性作用的情况下，政府在 IT 技术产业化过程中的推动作用主要是建立规则、利益诱导和提供服务[48]。

1. 政府建立规则

现代社会的良好运行需要建立一定的规则。例如，在创新产品领域，创新者、技术出售者以及技术购买者的利益需要建立与之相应的规则来加以保护，这些规则主要体现在完善的以专利权为核心的知识产权保护体系以及有效的技术市场与技术市场交易体系，而这些有利于创新的规则需要政府来建立并加以监督[49]。规则是产生创新的动力之一，利益的保护和明确的交易规则是这一动力产生的源泉。由此可见，政府对规则的建立及监督是产生 IT 技术产业化动力的环境基础，其他动力产生效果都是建立在这个基础上的。

2. 政府利益诱导

政府可以通过为创新者节约成本和提供利益来驱动 IT 技术产业化。减税、较低的贷款利率、科技及人力资源投入的增加、创新价格的降低等都是政府为鼓励企业进行创新而采取的利益诱导手段。这些诱导措施的实施可以分担企业的部分创新成本，使企业利润增加，这对创新将产生很大的推动作用[50]。政府主要是通过补贴和提供公共产品来为创新者提供利益。

3. 政府提供服务

IT 技术产业化的实施离不开中介组织的作用，市场中介在组织信息交流和提供专业化服务方面具有很强的能力，它的参与可以减少诸多不必要的环节，降低交易的费用，从而提高市场运行的效率。IT 技术产业化过程中的中介服务主要有技术信息服务、开发配套技术咨询服务及技术创新风险贷款服务等。政府可以从这些高层次的技术服务入手，拉近科技成果与创新之间的距离，完善市场机制和中介服务体系，为 IT 技术产业化提供信息服务[51]。

目前，为推动 IT 技术产业化的实施，我国政府采取了一系列调控政策，但其宏观调控的力度没有充分发挥出来，主要原因在于政策的分散化导致的合力的弱小，主要表现在对 R&D 的投资力度不够、产权制度不合理、没有建立起完善的市场主体进入和退出市场的制度、产业优惠政策等激励作用单一且分化。

SOC 芯片技术产业化实施中，应充分利用政府现行的一些支撑措施，同时由于我国在产业化方面的政策、法律制度等方面存在诸多的不足，鉴于政府也是SOC 芯片的主要客户之一，在许可的范围内在产品研发出来之后给政府适当的优惠，首先赢得政府的信赖，在此基础上主动要求政府通过完善以下相关宏观政策，来推动 SOC 芯片技术产业化的实施。

6.3.1　建立健全市场体系完善市场制度

SOC 芯片产业化的根本动力来自于市场的激励和诱导作用，产业化实现的关键在于规范的市场。我国是一个计划经济向市场经济转轨的国家，市场经济机制还不够健全，市场环境还不规范。针对这一问题政府应该从以下几方面着手。

1. 规范产权制度

我国在产权制度方面还有诸多的不合理之处，如政府对于企业产权及知识产权的界定比较模糊，缺乏完善的产权保护制度；经营自主权的缺乏及创新收益没有相应的保障体系，打击了企业和个人创新的积极性；没有建立资产所有者与资产之间最直接的经济关系，缺乏技术创新及其产业化应有的制度环境。鉴于政府在产权制度方面的种种不合理，为保障 SOC 芯片产业化的实施，明确企业所有者、经营者各自的权利、义务，使企业有自主决定经济行为的权利，真正成为市场竞争的主体，政府应该确立明确的企业法人财产权。

2. 使各市场主体自由进入和退出市场

市场机制的作用，就是通过竞争达到优胜劣汰——"适者生存"，要发挥市场调节的作用，必须使市场主体进入或退出市场具有较大的自由度，我国的市场机制还不完善。例如，企业要进入市场必须经过诸多烦琐的审批程序，当企业或其产品已不再具有竞争力时，选择退出市场又较困难，使企业不知所措[52]。SOC芯片所处的是更新换代较快且其需求可以用市场供需来调节的 IT 技术产业，因此应要求政府简化其审批程序。虽然我国政府早已颁布了《中华人民共和国反不正当竞争法》，但其执行力度却很软弱，企业间相互诋毁、倾轧、产品倾销现象仍比较严重，使 IT 技术市场主体没有真正实现优胜劣汰。

3. 完善法律制度，创造公平竞争的市场环境[53]

一些非 IT 技术企业打着 IT 技术企业的幌子，骗取政府的资金及相关优惠，这不仅会对 IT 技术企业市场造成混乱，而且还会给真正需要政府支持的 IT 技术企业带来不公平的市场竞争环境。因此，对 IT 技术企业的认定方法加以规范是政府保护 SOC 芯片产业化的先行条件[54]。SOC 芯片产业化过程中每一步都伴随着巨额投资，一旦失败企业将遭受巨大的经济损失，甚至会导致企业的前期努力功亏一篑。因此相应的法律制度保护势在必行，如知识产权保护、技术交易规范等，这些法律制度条文的严格执行和遵守，能够保证 IT 技术产业市场的有序性，保护 SOC 芯片产业化的发展。

6.3.2　有效实施财政和税收的优惠措施

从发达国家鼓励企业进行技术研发和产业化的做法来看，大多采用财政投入和税收优惠并举的方式，激励企业加大科技投入。SOC 芯片产业化是复杂的系统工程，从技术理念到技术研发、产品创新，再到进入市场形成商品，最后形成规模产业，每一步都需要大量资金，每一步都伴随着高风险和不确定性。为了降低企业风险，获得政府财政支持，政府有必要运用财政科技投入和税收优惠等财税政策杠杆。

1. 制定和实施财政补贴政策

SOC 芯片产业化是建立在产品的研究和开发基础上的，没有这一基础，产业化将无从谈起，强大的 R&D 投入和广泛的技术供给来源是实现这一基础的条件。企业能够利用的 R&D 费用十分有限，特别是对于具有高投入性质的 IT 芯片技术，因此各国政府都给予了 IT 技术研究与开发活动大量的资金支持。我国 IT 技术产业化的进程缓慢，原因之一就是企业的 R&D 投入不够，同时政府对 R&D 的资金预算较低[55]。SOC 芯片产业化实施中应努力促使政府制定完善的财政补贴政策，争取政府的资金支持，使政府分担产业化实施过程中的风险。

2. 实施税收优惠激励政策

税收是国家为实现其职能，参与国民收入和社会产品的分配和再分配，按照法律规定、通过税收工具强制地、无偿地取得财政收入的一种形式。为推动技术进步，政府采取的宏观调控手段之一就是税收优惠[56]。税收优惠意味着企业纳税义务的减少，经营风险的降低，企业利润的增加。我国政府在科技税收优惠方面也出台了一些法律法规，如《财政部、国家税务总局关于促进企业技术进步有关财务税收问题的通知》、《财政部、国家税务总局关于促进科技成果转化有关税收政策的通知》和财政部、国家税务总局关于贯彻落实《中共中央国务院关于加强技术创新，发展高科技，实现产业化的决定》有关税收问题的通知等，但我国现有的税收优惠政策存在许多不完善之处，如税收优惠方式单调、税收部门对优惠政策的管理落后、税收征管改革相对滞后、税收优惠立法散见于财政部、国家税务总局等制定的相关文件和规定中，协调性、配套性较差等[57]。SOC 芯片是北大方正集团自主研发的高新技术产品，在 SOC 芯片产业化实施中为充分利用政府的税收优惠激励，政府在税收优惠立法方面，借鉴发达国家的经验，制定一系列能够切实对 IT 技术企业研发活动起到有效激励的法规政策，对 SOC 芯片产业化的实施具有重大意义。

6.3.3　建立健全多元化的金融服务体系

政府创建多元化资本运营体系是 SOC 芯片技术产业化的必备条件，因为 SOC 芯片技术属于高新技术，其产业化过程与传统产业相比有很大的不同，如在初创期，无论是技术、市场还是管理所面临的风险更大；在发展期 SOC 芯片技术产业的上市需要投入大的资本，这需要一个良好的上市环境；在扩展期，

SOC 芯片技术产业需要实现多角化经营并形成规模经济，这需要通过资产运营来实现。

1. 设立专项基金

国外存在专门为企业提供融资的政府基金，如美国就有政府贷款与专项基金共同支持企业发展的政策。日本也为风险投资建立相应的政府基金以支持风险投资事业。SOC 芯片技术产业化的实施如果能获得国家的低息贷款或专项基金扶持，可加快 SOC 芯片技术产业化的实施。

2. 引导银行倾斜

SOC 芯片技术产业化发展的初期，需要较大的资金，这部分资金主要通过银行贷款取得。对 SOC 芯片技术产业化实行财政贴息，这需要政府对银行加以鼓励和支持，制定措施保证 SOC 芯片技术产业化过程中可以从商业银行每年新增贷款规模中取得部分贷款专项资金。我国的一些政策性银行对贷款实行了较严格的限制，并且贷款审批环节和手续烦琐，为保障 SOC 芯片技术产业化的资金需求，政府要对政策性银行加以调节，保障 SOC 芯片技术产业化及时获得足额的资金[58]。

3. 发展风险投资

风险性投资是 SOC 芯片技术产业化发展的"催化剂"，其催化作用表现在：①实现高投入。SOC 芯片技术产业的发展需要高投入，而风险投资通过聚集社会各方面资金实现了 SOC 芯片技术产业化发展的高投入。②分担高风险。由于风险投资来源于许多投资者，从而每个投资者承担风险较小。③共享高回报。尽管 SOC 芯片产品的开发、中试与商品化有高风险，但一旦成功便会获得高收益，从发达国家风险投资的历史看，投资者投资于 IT 技术企业，一般都能获得较高的回报[59]。SOC 芯片技术产业化的发展与风险投资紧密相关，风险投资的发展可以大大地促进 SOC 芯片技术产业化的发展。

随着 SOC 芯片技术的发展，难度逐渐增加的经营管理及不断增大的资本需求，要求有风险投资的参与。当前企业所能获得的资金来源非常有限，主要在于政府的财政收入较为紧张，没有足够的资金用于风险投资，而风险投资的高风险性与银行和保险公司等金融机构的安全性经营原则不相容。近年来，随着居民生活水平的提高，城乡民间储蓄有了较快增长，SOC 芯片技术产业化过程中，可以利用政府这一跳板，对民间资金加以引导，鼓励其进入风险投资领域。同时，政府可以采取各种措施，使银行和保险公司等金融机构参与风险投资的保险业务不再有后顾之忧[60]。

4. 放宽证券市场、拓宽融资渠道

在证券市场上企业可以进行股权流动，对资产进行重组和融资[61]。风险企业通常情况下需要得到第三方的担保才能获得低息资金，资金筹措方式也主要是以间接金融为主，为改变这种滞后模式，一些国家开始鼓励为风险企业建立专门的证券市场。其中具有代表性的举措就是以低于一般证券市场的标准发行风险企业的股票来帮助企业筹措资金。美国约有 450 家私人性质的小企业投资公司从事风险投资业务；英国新创办的高技术公司在政府的支撑下可以通过发行债券的形式进行资金筹措；日本早在 1983 年就将公司上市标准降低为市场净值在 85 万美元以上，税前利润率达到 4%，同时还在东京、大阪、名古屋设立了场外证券市场。为进一步鼓励银行和个人参与风险投资，这些国家还对资本收益税进行了调整[62]。

目前深沪交易主板市场主要服务于国企改制和扩大融资渠道，但对于非国有经济的高新技术企业要想进入交易市场必须达到严格的标准，这种限制严重影响了公司融资的进程。应广大高新技术企业的要求，降低其上市的标准，为其增加融资，开发创业板股票市场被提上日程。创业板（二板）市场不仅可以为高新技术企业提供资金和实现回报，而且还有利于高技术投资的良性循环[63]。较高的资本流动性和使用率，可以推进 SOC 芯片技术产业的规模化发展。

6.3.4　积极进行信息产业发展的引导

简单地说，SOC 芯片技术产业化就是 SOC 芯片的开发、中试、销售，最终形成一定的规模经济效益。产品创新是企业技术创新的核心。新产品的问世在一定程度上标志着企业技术创新能力和水平的高低[64]。SOC 芯片产业化中每一链条的发展如果没有相应的信息保障支撑，产业化链条很容易被中断。

在开发 SOC 芯片前，首先必须了解 SOC 芯片的需求量，调查是否存在市场开发的可能性；毕竟 SOC 芯片属于高科技附加值产品，其高于一般产品的生产成本必然导致较高的市场价格，而消费者则存在双重要求，一是较低的产品价格，二是较高的产品质量。根据掌握的消费者需求变动的信息，采取灵活的产品价格和销售方式，有利于赢得客户；高技术产品市场竞争日益激烈，相关的替代产品层出不穷，掌握竞争对手及其产品的关键信息[65]，不断进行创新，能够帮助 SOC 芯片迅速占领市场从而成为优胜者。因此，国家在信息服务方面的支撑措施，可以帮助企业尽快实现 SOC 芯片技术产业化。

6.3.5　建立新型的人才激励培养机制

我国比较缺乏综合型人才，特别是集科学研究与企业经营于一身的人才较少。SOC 芯片技术产业的发展离不开高素质的科学家、企业家、投资家。因此，政府应通过建立一套有利于人才成长和使用的激励机制和培养机制，解决 SOC 芯片技术产业化对人才资源的需求，推动 SOC 芯片技术产业持续、规模发展。

1. 灵活的激励机制

根据业绩给予报酬或根据成就晋级的传统的激励方式，不能对员工形成长期激励。政府可以借鉴国外发达国家激励企业员工的方式，鼓励企业将技术和智力作为投资的一部分，鼓励企业员工购买公司的股票，员工从公司的盈利中可以分得部分红利，这样有利于形成员工对企业的归属感；同时要协调好 SOC 产业化过程中各层人员的利益关系，形成和谐有效的长期激励机制，推动 SOC 芯片产业化的发展[66]。

2. 建立育才机制

目前我国的素质教育尚存在较大成分的应试教育，大学讲授的部分知识较为陈旧，跟不上时代的发展，课程设置与企业脱钩现象严重，企业难以招到高素质人才，社会培训机构太过繁杂，没有形成合理的社会管理体系。因此建立良好的育才机制已刻不容缓。

SOC 芯片技术产业化过程中，在人才方面要充分调动各相关利益方的积极性，同时鼓励企业的技术开发人员到研究机构和大学合作研究或进修实习培训等，同时以各种优惠政策吸引国外的优秀人才[67]，从而提高企业员工的文化技术水平，实现企业技术升级，开发新产品，增强竞争力。政府在人才方面的激励和育才机制，可以推动 SOC 芯片技术产业化链条上每个环节的发展。

企业、客户、政府在 SOC 芯片产业化实施过程中发挥着至关重要的作用，SOC 芯片技术产业化的基础是企业，是将 SOC 芯片技术转化成为产品，并使之产业化的重要载体；客户是高新技术产品形成产业化的关键，只有保证稳定的客户，才能保证 SOC 芯片迅速推向市场，SOC 芯片技术产业化才能顺利进行；因为政府推动是保障，政府要采取具体措施，建立健全市场体系完善市场制度、增加财政科技投入、实施税收优惠措施、建立多元化的金融体系、发展信息产业、建立新型的人才激励培养机制。三个方面要充分发挥各自的作用，相互协调，保证 SOC 芯片产业化顺利实施。

参考文献

[1]秦天.高新技术产业发展之我见[J].太原科技,2005,(9):36-37.

[2]吴俊,肖思思.高新技术产业化之难[J].瞭望,2007,(44):30-31.

[3]周鹤林.高新技术产业化组织创新的关键要素[J].长沙铁道学院学报,2006,(3):73-74.

[4]刘艳莉,吕彦昭.关于加快我国高新技术产业化的探讨[J].哈尔滨商业大学学报,2008,(6):11-13.

[5]席鹭军.国外高新技术产业化政策及对我国发展高新技术产业的启示[J].求实,2007,12:89-92.

[6]王焱.试论高新技术产业的市场化运行[J].水云科学研究所学报,2001,(3):1-7.

[7]陈康.复杂网络建模与特性研究[D].西安电子科技大学硕士学位论文,2008.

[8]唐晋韬,王挺.复杂社会网络的介数性质近似计算方法研究[J].计算机工程与科学,2008,30(12):9-18.

[9]杨波.复杂社会网络的结构测度与模型研究[D].上海交通大学博士学位论文,2007.

[10]吴正平.复杂网络建模与一致性及在多移动智能体中的应用[D].华中科技大学博士学位论文,2007.

[11]王镇岭,方爱丽,张嗣瀛,等.基于"优先连接"的复杂网络建模与仿真[J].青岛大学学报(工程技术版),2006,21(3):6-9.

[12]赵娟,郭平,吴俊,等.复杂网络可靠性研究进展[J].后勤工程学院学报,2010,26(5):72-79.

[13]中国产业地图编委会,中国经济景气监测中心.中国IT产业地图2006—2007[M].北京:社会科学文献出版社,2006.

[14]姜宏.我国IT产业发展现状分析[J].北京劳动保障职业学院学报,2008,(2):2.

[15]张庆华.我国IT产业的现状分析及对策研究[D].武汉理工大学硕士学位论文,2002.

[16]岳珍,赖茂生.国外"情景分析法"方法的发展[J].情报杂志,2006,(7):59-60.

[17]于红霞,钱荣.解读未来发展不确定性的情景分析法[J].未来与发展,2006,(2):12-15.

[18]张学才,郭瑞雪.情景分析方法综述[J].理论月刊,2005,(8):125-126.

[19]刘益.波特"五力模型"的缺陷及其改进[J].管理工程学报.1999,(S1):13-16,68-69.

[20]罗俊仪.中国智能交通产业化基地发展模式研究[D].哈尔滨工程大学博士学位论文,2004.

[21]宋维明.国外智能交通系统建设模式综述及其启示[J].电子技术,2006,(12):19-22.

[22]梅小安,张乃平.湖北省发展电动汽车的SWOT分析[J].汽车科技,2004,(3):1,5-7.

[23]丁韧.我国内容产业资源整合及发展趋势[J].情报理论与实践,2005,(4):428-431.

[24]骆大伟.国外产学研合作模式及对我国的借鉴意义分析[J].今日科苑,2009,(24):

28-29.

[25]刘力. 美国产学研合作模式及成功经验[J]. 公文易文秘资源网，2008，(11)：1-7.

[26]Telematics. 产业化发展动向[J]. 商海导航，2006，(5)：52-54.

[27]银路，陈运. 各种高新技术产业化模式的优缺点分析和选择依据[J]. 科学管理研究，1996，12(6)：34-37.

[28]银路，陈运. 高新技术产业化现有模式分析和一种新模式[J]. 科研管理，1996，1(1)：47-50.

[29]杨铁军，顾孟迪. 高校高新技术产业化模式影响因素及优化对策研究[J]. 科学技术与工程，2006，5(6)：573-581.

[30]李振福. 北极航线问题的 KIEA 方法研究[J]. 水运工程，2009，12(12)：124-130.

[31]袁陵. 高新技术产业化发展与风险投资的互动模式浅谈我国高校科技园的建立[J]. 南京建筑工程学院学报，2001，2(2)：77-81.

[32]吴永红，陈昭锋. 国外促进中小企业高新技术产业化集群发展的财税行为研究[J]. 现代管理科学，2004，4(4)：45-46.

[33]李敏，蔡琼. 国外发展大学高科技——实现产业化的做法与启示[J]. 中国农业银行武汉管理干部学院学报，2001，(1)：74-76.

[34]宋群. 国外高技术产业化的新特点[J]. 中国创业投资与高科技，2008，(11)：62-64.

[35]席鹭军. 国外高新技术产业化政策及对我国发展高新技术产业的启示[J]. 社会主义与当代世界，2007，(12)：89-92.

[36]Arndt J. The role of product-related conversation in the diffusion of a new product[J]. Journal of Marketing Research，1967，4(3)：291-295.

[37]Westbrook R A. Product/consumption-based affective responses and past purchase process [J]. Journal of Marketing research，1987，24(3)：258-270.

[38]Swan J E，Oliver R L. Postpurchase communications by consumers[J]. Journal of Retailing，1989，65(4)：516-533.

[39]Frenzen J K，Davis H L. Purchasing behavior in embedded markets[J]. Journal of Consumer Research，1990，17(1)：1-12.

[40]Watts D J，Strogatz S H. Collective dynamics of 'small world' networks[J]. Nature，1998，393 (6684)：440-442.

[41]Barabasi A L，Albert R. Emergence of scaling in random network[J]. Science，1999，286 (5439)：509-512.

[42]林万昕. 国外科技产业化的重要启示[J]. 引进与咨询，2003，3(3)：34-36.

[43]陈昭锋. 国外政府高新技术产业化需求创造的经验研究[J]. 科技政策、科研管理评论与报道，2009，3(3)：94-100.

[44]何晓夏，章林. 论高新技术产业化的运行机制与发展模式——以云南为研究案例[J]. 区域经济发展，2010，418(6)：102-106.

[45]Parasuraman A，Zeithaml V A，Berry L L. SERVQWAL：a multiple-inter scale for measuring consumer perceptions of service quality[J]. Journal of Retailing，1988，64(1)：

12-14.

[46]连好宝. 论国家创新体系及其高新技术产业化发展模式[J]. 福建论坛，2010，232(1)：11-15.

[47]张启君. 对国内外科研机构模式及产业化方向的探讨[J]. 决策参谋，2003，(2)：2-9.

[48]汪云家. 高新技术产业化相关问题研究[J]. 企业经济，2010，355(3)：19-21.

[49]肖仁浩. 论世界贸易组织主要成员 IT 产业发展模式及其对我国的启示[D]. 对外经济贸易大学硕士学位论文，2006.

[50]赵国忻. 政府型风险投资公司的局限性与对策[J]. 商业研究，2006，354(22)：115-117.

[51]徐军伟. 地方大学科技园建设的条件分析与模式选择[J]. 研究与发展管理，2006，8(4)：112-116.

[52]周豪. 区域高新技术产业化系统的分析与评价[D]. 哈尔滨工程大学博士学位论文，2007.

[53]刘志锋，惠金乐. 客户关系管理中的大客户管理[J]. 合作经济与科技，2010，(10)：1-3.

[54]吴昌永. 浅谈企业客户管理之策略[J]. 经济师，2010，(8)：251-252.

[55]顾海. 高新技术产业化论[D]. 南京农业大学博士学位论文，2000.

[56]崔越. 高新技术产业化的动力机制研究[D]. 天津大学硕士学位论文，2004.

[57]张鸿. 促进高新技术产业发展的科技税收优惠政策研究[J]. 中国科技论坛，2001，(4)：62-68.

[58]郭炳南，舒明. 我国高新技术产业化现状、发展障碍与推进路径[J]. 长春工业大学学报（社会科学版），2005，3(17)：23-28.

[59]毕颖. 高新技术产业的政府政策扶持与我国政府的政策取向[J]. 河北经贸大学学报，2000，3(21)：23-28.

[60]方慧敏. 高新技术产业化的动力机制研究[D]. 华中科技大学硕士学位论文，2008.

[61]冷俊峰，徐高攀，李金保，等. 政府支持高新技术产业发展的博弈研究[J]. 科技与经济，2010，(4)：42-44.

[62]刘新艳，吴琨，刘和东，等. 新兴技术产业化中的政府角色分析[J]. 科技管理研究，2010，(17)：14-17.

[63]伍湘. 政府在高新技术产业化中的作用[J]. 企业技术开发，2009，(1)：65-67.

[64]沈文京. 科技投资：自主创新战略实施的保证[J]. 中国科技投资，2006，(4)：22-23.

[65]纪念国家火炬计划实施 20 周年大会召开刘延东对未来高新技术产业化工作提出五点希望[J]. 中国高校科技与产业化，2009，(1)：4.

[66]2009 年发展高新技术产业化的六项重点工作[J]. 中国高新区，2009，(5)：14-15.

[67]江蕾，房定坚，朱华，等. 加快科技体制改革、促进科技成果产业化[J]. 上海企业. 2007，(4)：35-36.